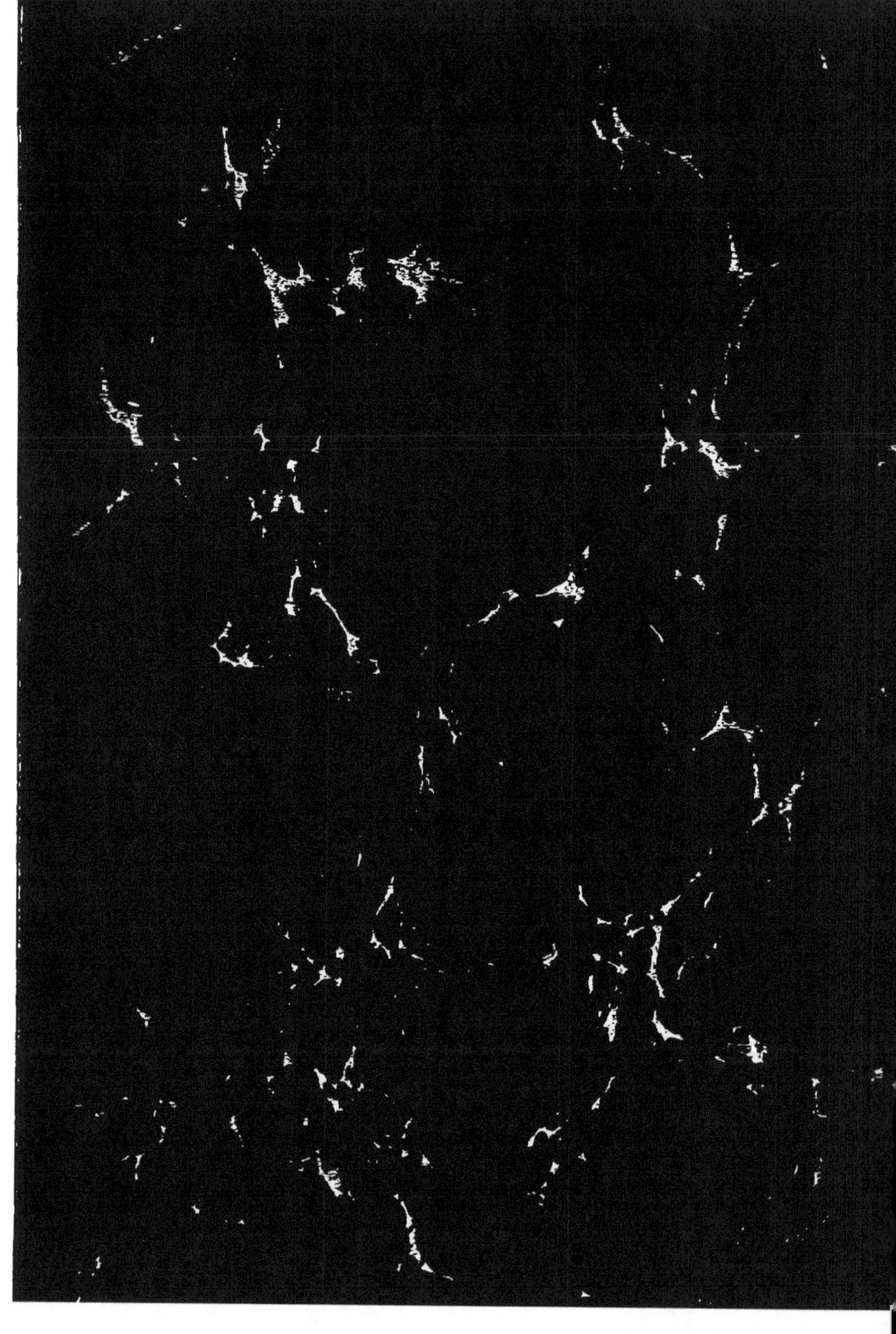

I 6 41

25 bis

UN SÉJOUR

EN FRANCE

DE 1792 A 1795

LETTRES D'UN TÉMOIN DE LA RÉVOLUTION FRANÇAISE

AUTRES OUVRAGES DU MÊME AUTEUR

A LA LIBRAIRIE HACHETTE ET Cie

HISTOIRE DE LA LITTÉRATURE ANGLAISE. 5 vol. in-18 jésus.
2ᵉ édit. . . . . 17 fr. 50

ESSAI SUR TITE LIVE. 1 vol. in-18 jésus. 2ᵉ édition . . 3 fr. 50

LA FONTAINE ET SES FABLES. 1 vol. in-18 jésus. 5ᵉ édit. 3 fr. 50

VOYAGE AUX PYRÉNÉES. 1 vol. in-18 jésus. 5ᵉ édition . 3 fr. 50

LES PHILOSOPHES CLASSIQUES DU XIXᵉ SIÈCLE EN FRANCE.
1 vol. in-18 jésus. 5ᵉ édition. . . . . 5 fr. 50

ESSAIS DE CRITIQUE ET D'HISTOIRE. 1 vol. in-18 jésus.
2ᵃ édit. . . . . 5 fr. 50

NOUVEAUX ESSAIS DE CRITIQUE ET D'HISTOIRE. 1 volume
in-18 jésus. 2ᵉ édit. . . . . 5 fr. 50

NOTES SUR PARIS, par Fréd. Th. GRAINDORGE. 1 vol. in-18
jésus. 5ᵉ édition. . . . . 3 fr. 50

VOYAGE EN ITALIE. 2 vol. in-8º . . . . 12 fr. »

NOTES SUR L'ANGLETERRE. 2ᵉ édit. 1 vol. in-18 jésus. . . 3 fr. 50

DE L'INTELLIGENCE. 2 vol. in-8º. 2ᵉ édition. . . . . . . 15 fr. »

DU SUFFRAGE UNIVERSEL ET DE LA MANIÈRE DE VOTER.
Brochure in-18 jésus. 2ᵉ édition. . . . . 50 cent.

A LA LIBRAIRIE GERMER-BAILLIÈRE

LE POSITIVISME ANGLAIS. Étude sur STUART MILL. 1 vol.
in-18 jésus. . . . . 2 fr. 50

L'IDÉALISME ANGLAIS. Étude sur CARLYLE. 1 vol. in-18
jésus. . . . . 2 fr. 50

PHILOSOPHIE DE L'ART. 2ᵉ édition. 1 vol. in-18 jésus. . . 2 fr. 50

PHILOSOPHIE DE L'ART EN ITALIE. 1 vol. in-18 jésus. . . . 2 fr. 50

PHILOSOPHIE DE L'ART DANS LES PAYS-BAS. 1 v. in-18 jés. 2 fr. 50

DE L'IDÉAL DANS L'ART. 1 vol. in-18 jésus. . . . . . . 2 fr. 50

PHILOSOPHIE DE L'ART EN GRÈCE. 1 vol. in-18 jésus. . . . 2 fr. 50

PARIS. — IMP. SIMON RAÇON ET COMP., RUE D'ERFURTH, 1.

UN SÉJOUR

EN FRANCE

DE 1792 A 1795

LETTRES D'UN TÉMOIN DE LA RÉVOLUTION FRANÇAISE

TRADUITES

PAR H. TAINE

PARIS

LIBRAIRIE HACHETTE ET Cie

BOULEVARD SAINT-GERMAIN, N° 79

1872

PRÉFACE

Les Lettres que nous allons traduire [1] ont
été pour la première fois publiées à Londres
en 1796 ; on en fit très-promptement une seconde édition, puis en 1797 une troisième.
L'auteur est une Anglaise visiblement fort sen-
sée, instruite et intelligente, mais anonyme ;

[1] La 3ᵉ édition que j'ai sous les yeux forme deux volumes in-8°.
J'en dois la communication à l'obligeance de MM. les conservateurs
de la Bibliothèque nationale. Le titre complet de l'ouvrage est :
*A residence in France, during the years 1792, 1793, 1794 and
1795, described in a series of letters, from an English lady,
with general and incidental remarks on the french character and
manners, prepared for the press by John Gifford, Esq., author
of the History of France, Letter to lord Lauderdale, Letter to
the Hon. T. Erskine, etc.* Les points qui suivent plusieurs ali-
néas indiquent les passages omis ; j'ai supprimé des longueurs
et, en outre, les récits dans lesquels l'auteur, n'ayant pas d'observations personnelles, parlait d'après *le Moniteur*.

elle ne voulait pas compromettre les amis avec qui elle avait vécu en France, et qu'on aurait pu découvrir, inquiéter ou même persécuter si elle avait mis son nom en tête de son livre. M. John Gifford, écrivain politique fort connu en ce temps-là, se chargea de l'édition, écrivit une préface, et servit de répondant.

Ce document ne paraît avoir été consulté par aucun de nos historiens, et pourtant il est aussi instructif que curieux. L'auteur avait déjà visité la France ; elle y réside pendant les années 1792, 1793, 1794, 1795, à Lille, à Soissons, à Saint-Omer, à Rouen, à Beauvais, à Arras, à Péronne, à Amiens et enfin à Paris. Elle est détenue depuis le mois d'août 1793 jusqu'au mois d'octobre 1794, d'abord chez elle, puis à Arras et à Amiens dans la maison d'arrêt. En prison, elle écrit au jour le jour en caractères abrégés, et garde son journal caché sur elle ; hors de prison, elle écrit à son frère, mais n'envoie les lettres que par des personnes sûres et jamais par la poste.

Malgré diverses recherches faites à la Bibliothèque nationale de Paris et au British Museum de Londres, je n'ai pu découvrir avec certitude le nom de l'auteur. Il n'en est pas moins certain que le livre est tout entier d'un témoin oculaire : là-dessus, toutes les indications, intérieures et extérieures, sont d'accord. « Cet ouvrage, dit-elle dans l'avertissement, « est à la fois authentique et original ; j'ai le « droit de parler ainsi, car je l'ai acheté au « prix de risques assez grands pour ma vie, « de beaucoup de souffrances et d'un ébranle- « ment profond de ma santé. D'ailleurs qui- « conque a lu les œuvres de M. Gifford verra « aisément, par la correction et l'élégance de « son style, qu'il ne peut avoir aucune part « dans un ouvrage plein de fautes et qui porte « partout la marque d'un écrivain novice. » — Ailleurs, M. Gifford, parlant de son inter- vention, déclare qu'il s'est réduit au rôle de répondant : « Ces lettres sont exactement « ce qu'elles annoncent, c'est-à-dire l'œuvre « d'une dame, et elles ont été écrites précisé- « ment dans les situations qu'elles indiquent. « Le public ne peut avoir aucun motif pour « mettre en doute ma véracité sur un point où « je n'ai aucun intérêt possible à le tromper ; « et ceux qui me connaissent me feront l'hon-

« neur de croire que je suis incapable de
« sanctionner une imposture, dans quelque
« but et pour quelque raison que ce soit. »
— Plus loin l'auteur lui-même ajoute : « Un
« critique, sans être très-sévère, trouvera ici
« bien des imperfections de style... On ne
« supplée pas facilement l'habitude d'écrire ;
« comme, en cela, je désespérais d'atteindre
« l'excellence, et que je ne m'inquiétais pas
« d'un degré plus ou moins haut dans la médio-
« crité, je me suis résolue à présenter an pu-
« blic, sans altération ni ornements, les ren-
« seignements que je possédais. La plupart de
« ces lettres ont été écrites dans la situation
« exacte qu'elles décrivent, et restent dans
« leur état original ; les autres ont été arran-
« gées quand les occasions étaient favorables,
« d'après des notes et un journal que j'écri-
« vais « aux époques de crise et de fièvre, »
« où il aurait été dangereux d'écrire avec plus
« de méthode. J'évite de décrire la façon dont
« mes papiers furent cachés en France ou au
« moment de mon départ, et cela afin de ne
« pas attirer la persécution et l'oppression
« sur d'autres personnes. Mais, pour ne pas

« m'attribuer un courage que je ne possède
« point, ou attirer des doutes sur ma véracité,
« je dois observer que rarement je me hasar-
« dais à écrire sans m'être assurée de quel-
« que moyen sûr pour envoyer mes papiers
« à une personne qui pouvait les mettre en
« sûreté. » — En somme, elle écrit avec attention et bonne foi, et ne s'exagère pas son
rôle. « Je ne me serais jamais risquée, dit-
« elle, à offrir au public un écrit de moi, si je
« n'avais cru que des observations et des
« réflexions faites sur place, pendant une pé-
« riode où la France offrait un spectacle dont
« il n'y a point d'exemple dans les annales de
« l'humanité, pouvaient satisfaire la curio-
« sité, sans l'aide des embellissements litté-
« raires ; je me suis flattée qu'en un sujet
« pareil la véracité exacte serait préférée à
« l'éclat des pensées ou à l'élégance du lan-
« gage. L'éruption d'un volcan sera décrite et
« expliquée plus scientifiquement par le phi-
« losophe ; mais le récit du paysan illettré
« qui en a été le témoin et qui en a souffert
« ne sera peut-être pas moins intéressant
« pour l'auditeur ordinaire. »

Sur tous ces points, je pense qu'elle dit vrai ; probablement, si M. Gifford a touché au manuscrit, c'est tout au plus pour corriger ou peut-être pour arrondir quelques phrases ; il a pu donner trois ou quatre indications, des conseils littéraires ; mais l'œuvre est d'elle jusque dans ses détails, bien plus que les *Mémoires de madame de la Rochejacquelein* ne sont de madame de la Rochejacquelein.

Si nous ne savons pas son nom, nous pouvons nous représenter très-bien sa personne. Elle a cette façon de sentir, de penser et d'écrire un peu roide et formaliste, qui est propre au dix-huitième siècle anglais, et par laquelle il ressemble en plusieurs points à notre dix-septième siècle. Elle a beaucoup de *tenue* dans le style ; ses phrases graves, longues et bien équilibrées indiquent les habitudes d'art oratoire et de dignité continue qui ont régné dans la littérature anglaise pendant tout l'âge classique. Addison, Gibbon, Robertson et surtout Samuel Johnson furent les maîtres de ce style ; on le rencontre dans tous les romans du temps, notamment chez Richardson, et bien plus tard encore jusque chez miss Austen. Écrire, paraître devant des lecteurs, est une action, une attitude comme une autre ; et à cette époque, d'après l'idée qu'on se faisait du gentleman ou de la dame parfaitement élevée, nulle attitude ne devait être abandonnée ; aucun écrivain ne se serait permis les vivacités nerveuses, les secousses d'idées auxquelles nous sommes accoutumés aujourd'hui ; on gouvernait sa pensée, on composait son expression, on n'avait pas pour but de noter, telles quelles, sur le vif et au vol, les saillies de son émotion. C'est pourquoi les phrases de ce temps nous semblent un peu compassées. Mais l'expression, comme la pensée, est toujours sérieuse et solide ; on estime l'esprit qui agit ainsi ; comme il ne s'accorde point de familiarités avec nous, nous n'en prenons point avec lui ; tout ce qu'il souhaite est la considération, et il l'obtient. — Celui-ci est viril sinon aimable ; en le quittant, nous le saluons avec plus d'estime que de sympathie. Ses sentiments sont élevés, mais sévères ; la noblesse n'y manque pas, mais l'orgueil y manque encore moins. Si j'avais une tante de ce caractère, je lui rendrais tous mes devoirs avec exactitude, et, dans les grandes occasions, je pourrais lui demander conseil ; je respecterais fort ses principes, et je souhaiterais qu'il y eût beaucoup de femmes semblables dans mon pays ; mais je ne ferais pas de sa société mon plaisir habituel. Anglaise, protestante, politique, moraliste, très-arrêtée dans ses idées, très-péremptoire dans ses opinions, elle n'est pas indulgente ; sa raillerie est toujours dure ; d'un ton uni, au milieu d'une phrase irréprochable, elle place avec préméditation quelques-uns de ces mots qui blessent au vif et laissent une plaie. Elle ne sait pas se déprendre d'elle-même, entrer dans les sentiments d'autrui, concevoir une forme d'esprit et de conduite autre que la sienne. Quand elle blâme, elle condamne, et ses sentences sont sans appel. Elle a médité sa colère ; sous ses paroles mesurées, sous ses périodes correctes on sent percer l'énergie de son caractère et l'âpreté de ses convictions.

Il est certain qu'un Français, après avoir lu ce livre, trouvera le breuvage amer ; il faut le boire cependant, car il est salutaire. Nous ne connaissons guère de la révolution française que les effets d'ensemble, l'histoire des assemblées et des insurrections de Paris; du moins nos grands historiens se sont toujours placés à ce point de vue. Il est utile de voir les choses sous un autre aspect, par le détail, et comme elles se passent, au jour le jour, d'après les impressions successives d'un témoin sincère. C'est ainsi que nous les aurions vues, si nous avions vécu alors; et c'est en lisant de pareils témoignages que véritablement nous nous transportons dans le passé.

Si le témoin est défavorable, ce n'est pas une raison pour l'exclure; comme il a été témoin, qu'il a de bons yeux et qu'il est de bonne foi, il a droit de comparaître avec les autres devant les juges qui veulent savoir toute la vérité. Défalquez, si vous voulez, de son impression ce que la souffrance personnelle et l'antipathie nationale y ont pu mettre de trop dur. Mais songez que, s'il condamne, c'est parce qu'il aime avant tout la liberté, la sécurité, le règne de la loi; ce sont là des biens dignes d'être aimés, et des lecteurs français ne s'étonneront point qu'il en déplore la perte. Comptez enfin qu'en politique

et dès l'origine il a vu juste, et qu'avec
Burke, Gouverneur-Morris, Mallet du Pan, Dumont, de Genève, et tous les hommes d'expérience, il a marqué d'avance la pente fatale
sur laquelle ont roulé tous les gouvernements
de la révolution.

Février 1872.

H. TAINE.

UN

SÉJOUR EN FRANCE

DE 1792 A 1795

---

10 mai 1792.

Je me confirme chaque jour dans l'opinion que je vous ai communiquée à mon arrivée, c'est que la première ardeur de la révolution est apaisée. La lune de miel est vraiment passée et il me semble voir approcher quelque chose qui ressemble à l'indifférence. Peut-être que les Français eux-mêmes n'ont pas conscience de ce changement ; mais, pour moi qui ai été absente deux ans et qui ai vu l'enthousiasme tout d'un coup après la froideur, sans passer par les gradations intermédiaires, mon impression n'a pu manquer d'être vive. Quand j'étais ici, en 1790, on pouvait à peine dire qu'il y eût des partis ; le triomphe populaire

1

était trop complet et trop récent pour laisser place à l'intolérance et à la persécution ; le clergé et la noblesse se soumettaient en silence ou paraissaient se réjouir de leur propre défaite. En réalité, c'était la confusion d'une conquête décisive ; les vainqueurs et les vaincus étaient mêlés ensemble ; les uns n'avaient pas le loisir de se montrer cruels, les autres de méditer une revanche. La politique n'avait pas encore divisé la société ; la faiblesse et l'orgueil des grands, la malice et l'insolence des petits, n'avaient pas encore dépeuplé les places publiques. La politique des femmes n'allait pas au delà de quelques couplets à la louange de la liberté, et le patriotisme des hommes se bornait à un habit de garde national, à la devise d'un bouton, ou à une orgie nocturne qu'ils appelaient « monter la garde. » Le métal était encore abondant, du moins l'argent (car l'or avait déjà commencé à disparaître) ; le commerce suivait son cours habituel, et, en un mot, pour ceux qui n'observaient pas plus profondément que moi-même, tout semblait gai et florissant. Le peuple était persuadé qu'il était plus heureux que par le passé et, devant une telle apparence de satisfaction, il aurait fallu être un bien froid politique pour prévoir sévèrement l'avenir. — Mais tout cela est maintenant bien baissé, et la différence est si évidente que je m'imagine parfois être un des sept « Dormants. » Il m'arrive la même chose qu'à eux : les écus que j'offre sont devenus si

rares qu'ils sont regardés plutôt comme des médailles que comme de l'argent. La distinction, autrefois
sans conséquence, d'aristocrate et de démocrate, est
devenue un terme d'opprobre et d'amertume à l'u-
sage des partis. Les dissensions politiques envahis-
sent et glacent toutes les relations ordinaires de la
vie. Le peuple est devenu grossier et despotique, et
les hautes classes, par un sentiment de fierté assez
naturel, désertent les amusements publics, où
elles ne peuvent paraître qu'au risque d'y être le
but marqué de l'insulte. La politique des femmes
n'est plus innocente; leurs principes politiques
forment le trait dominant de leur caractère; comme
elles ont une tendance naturelle à remplacer par le
zèle ce qui leur manque en pouvoir, elles sont loin
d'être les partisans les plus tolérants dans l'un et
l'autre camp. L'uniforme de la garde nationale, qui
a tant contribué au succès de la révolution en sti-
mulant le patriotisme des jeunes gens, est devenu
universel, et l'obligation de monter la garde, à laquelle il soumet celui qui le porte, est maintenant
un devoir sérieux et fatigant. — Pour terminer
mes observations et mes contrastes, on ne voit plus
d'espèces monnayées, et le peuple, s'il idolâtre
encore la *figure sensible* de son gouvernement, le
fait à présent avec une grande sobriété. Le cri :
« Vive la nation ! » semble maintenant plutôt
l'effet de l'habitude que d'un sentiment vif, et l'on
entend rarement quelque chose de semblable aux

clameurs spontanées et enthousiastes que je re-marquais autrefois. .   .   .   .

.   .   .   .

J'ai assisté hier au service funèbre en l'honneur du général Dillon... Il doit toujours paraître étrange à un protestant de n'entendre en ces occasions que de la musique de théâtre, et, pour ma part, je n'ai jamais pu m'y habituer... Je crains qu'en général un air d'opéra ne fasse souvenir l'élégante du théâtre où elle l'a entendu, et, par une transition naturelle, de sa robe, de celles de ses voisines et du petit-maître qui lui a rendu des soins. J'avoue que j'ai eu presque cette impression, hier, en entendant un air de *Sargines*, et, si l'oraison funèbre ne m'avait pas rappelée à moi-même, j'aurais oublié le malheureux événement que nous célébrions et sur lequel, quelques jours auparavant, lorsque je n'étais pas distraite par cette pieuse cérémonie, ma pensée s'était appesantie avec tant de pitié et d'horreur [1].

Indépendamment de mes regrets sur le sort de

---

[1] A la première escarmouche avec les Autrichiens, une panique générale s'empara des Français, qui se retirèrent en désordre sur Lille, en criant : « Sauve qui peut ! » et : « Nous sommes trahis ! » Le général Dillon tenta vainement de les rallier et fut massacré par eux avec des raffinements de cruauté. Le même jour, un gentilhomme, ami intime de notre connaissance madame ***, marchait, ignorant ce qui venait d'arriver, sur la route de Douai, et fut rencontré par les assassins qui fuyaient vers la ville. Ils s'écrièrent en le voyant : « Voilà encore un aristocrate ! » et le massacrèrent sur place.

Dillon, qu'on dit avoir été un brave et bon officier,
je suis fâchée que le premier événement de cette
guerre soit marqué par la cruauté et le dérégle-
ment. La discipline militaire s'est beaucoup relâchée depuis la révolution, et, comme il y a très-
longtemps que les Français n'ont été engagés dans
une guerre continentale, beaucoup d'hommes,
parmi les troupes, doivent être sans cette sorte de
courage qui est l'effet de l'habitude. Il y a, d'ailleurs, un danger incalculable à leur permettre
d'alléguer qu'ils sont trahis, quand il ne leur plaît
pas de combattre, ou d'excuser leur propre lâcheté
en accusant leurs chefs de trahison. Enfin, toute
infraction aux lois dans un pays qui croit être devenu libre ne peut pas être trop sévèrement punie.
L'Assemblée nationale a fait tout ce que l'humanité
pouvait suggérer ; elle a ordonné la punition des
assassins, pensionné et adopté les enfants du général... Je conclus par un vœu plein d'à-propos,
c'est que les Anglais puissent jouir longtemps encore de la liberté raisonnable qu'ils possèdent et
qu'ils méritent si bien.

Mai 1792.

Vous qui vivez dans un pays de guinées, de shil-
lings et de pence, vous n'avez pas idée de notre

embarras depuis que nous sommes privés d'espèces. Notre seule monnaie courante consiste en assignats de 5, 50, 100, 200 livres et au-dessus. Si
nous faisons des achats, il faut accommoder nos
besoins à la valeur de notre assignat ; sans cela
nous sommes forcés de redevoir au marchand ou
c'est le marchand qui nous doit. « Enfin, me disait
hier une vieille femme, il y a de quoi faire perdre
la tête et, si cela dure, ce sera ma mort. »—Depuis
quelques jours, les municipalités ont tenté de remédier à cet inconvénient en créant de petits billets de 5, 10, 15 et 20 sous, qu'elles donnent en
échange des assignats de cinq livres. Mais le nombre de ces papiers, appelés *billets de confiance*, est
limité, et la demande en est si grande que, les
jours où ils sont émis, l'Hôtel de Ville est assiégé
par une foule de femmes venues de tous les points
du district : paysannes, petites marchandes, servantes, et enfin (ce ne sont pas les moins formi-
dables) les poissardes. Elles prennent généralement leur place deux ou trois heures avant l'ou-
verture, et l'intervalle est employé à discuter les
nouvelles et à exécrer le papier-monnaie. — Mais
la scène dont on est témoin lorsqu'enfin la porte
s'ouvre défie tout langage, et il faudrait le crayon
d'Hogarth pour la rendre fidèlement. J'ose dire que
la tour de Babel était comparativement un lieu de
retraite et de silence. On n'entend que clameurs,
injures et discussions ; on se prend les cheveux,

on se casse la tête et, après avoir perdu une demi-journée et une partie de leurs vêtements, les combattantes se retirent avec quelques contusions et cinq ou dix livres de petits billets, leur seule ressource pour continuer leur pauvre commerce la semaine suivante. Je crois que le papier a bien contribué à dépopulariser la révolution. Lorsque j'ai besoin d'acheter quelque chose, le vendeur répond à mes questions en me demandant d'un ton triste : « En papier, madame ? » et le marché se conclut avec une réflexion mélancolique sur la dureté des temps.

Les décrets relatifs aux prêtres ont aussi occasionné beaucoup de dissensions, et il me paraît impolitique d'avoir fait de la religion le drapeau des partis. La grand'messe qui est célébrée par un prêtre assermenté est fréquentée par une congrégation nombreuse, mais mal habillée et sentant mauvais ; la basse messe, au contraire, qui se dit plus tard et pour laquelle on tolère des prêtres non assermentés, a une assistance plus brillante, quoique beaucoup plus restreinte. Je crois que beaucoup de gens qui autrefois ne songeaient guère aux principes religieux sont devenus des papistes rigides depuis que l'adhésion au saint-siége est devenue le criterium d'une opinion politique. Mais, si les séparatistes sont bigots et obstinés, les constitutionnels, de leur côté, sont ignorants et intolérants.

Je voulais savoir aujourd'hui mon chemin pour
aller rue de l'Hôpital; la femme à laquelle je parlais m'a demandé d'un ton menaçant ce que j'y al-
lais faire. Lorsque je lui eus répondu que c'était le
chemin le plus court pour rentrer chez moi, elle a
baissé la voix et m'a même conduite très-poliment.
J'ai appris à mon retour que les nonnes de l'hôpital faisaient dire leur messe par un prêtre non assermenté, et que les personnes soupçonnées de s'y
rendre étaient insultées et quelquefois maltraitées.
Il y a quelque temps, une pauvre femme qui persistait à y aller fut traitée par la populace avec un
tel mélange de barbarie et d'indécence qu'on dés-
espérait de sa vie. Et c'est là le siècle et la patrie
des *philosophes !*...

Nous avons passé la journée de dimanche à la
campagne, avec les tenanciers de M. de X... Rien
n'égale leur avidité pour les nouvelles. Après le dîner, tandis que nous étions assis sous quelques arbres du village, M. de X... commença à lire la gazette aux fermiers qui nous entouraient. Ils étaient
tout oreilles, quoiqu'ils ne dussent guère comprendre, étant donnée la pédanterie habituelle
d'un journal français. Un groupe qui jouait au pa-
let dans la prairie, un autre qui dansait, quittèrent
leurs divertissements pour venir écouter avec une
grande attention. — Les fermiers sont les gens les
plus satisfaits de la révolution, et ils ont leurs raisons pour cela. En ce moment ils refusent de vendre

leur blé autrement que pour de l'argent, tandis qu'ils payent leurs fermages en assignats; les fermes étant presque toutes à bail, les propriétaires ne peuvent pas s'opposer à ce mode de payement. On les encourage beaucoup aussi à acheter des propriétés nationales, et cela, me dit-on, peut devenir dangereux pour l'agriculture; car dans leur ardeur pour acquérir de la terre, ils se privent eux-mêmes des moyens de la cultiver. Au lieu de faire comme les croisés nos ancêtres, qui « vendaient le pâturage pour acheter le cheval, » ils vendent le cheval pour acheter le pâturage; aussi peut-on s'attendre à voir dans beaucoup d'endroits de grandes fermes entre les mains de gens qui seront forcés de les négliger. Un grand changement s'est opéré depuis un an dans la propriété territoriale, et beaucoup de fermiers ont eu la facilité de devenir propriétaires. La rage de l'émigration, que les approches de la guerre, l'orgueil, la timidité et la vanité augmentent chaque jour, a engagé beaucoup de nobles à vendre leurs terres; avec celles de la couronne et du clergé, elles forment une grande masse qui a été jetée, pour ainsi dire, dans la circulation générale. — Cela sera peut-être plus tard un avantage pour le pays, mais la génération présente le paye un peu cher; pour moi, je planterais volontiers un million de glands pour qu'un autre siècle soit amplement fourni de chênes, mais j'avoue que je ne trouve pas tout à fait aussi agréable de manquer de pain pour que nos descendants en aient de superflu.   .   .   .   .   .

.   .   .   .

J'ai souvent observé combien les Français ont peu de goût pour la campagne, et je crois que mes compagnons, excepté M. de X..., qui prenait intérêt à surveiller sa propriété, étaient cordialement ennuyés de notre petite excursion. Madame de X... s'installa au coin du feu du fermier et fut de mauvaise humeur toute la journée, d'autant plus que la chère était simple. On ne voyait que des paysans, et on n'était vu que par eux. Il ne faut pas vous étonner qu'un diner simple soit une affaire sérieuse, mais vous ne trouverez peut-être pas la seconde cause de chagrin aussi naturelle à son âge. Tout ce qu'on peut dire, c'est qu'elle est Française, et qu'à soixante-quatorze ans elle met du rouge et porte des rubans lilas.

———

10 juin 179'.

Vous observez avec quelque surprise que je ne fais aucune mention des jacobins ; le fait est que j'en entends fort peu parler. En publiant leurs correspondances avec cette société, les partisans anglais de la Révolution lui ont attribué une impor-

tance beaucoup plus grande que celle qu'elle a
réellement. On dit que « nul n'est prophète en son
pays, » je suis sûre que c'est là le cas des jacobins.
Dans les villes de province, leurs clubs sont générale-
lement composés de quelques petits marchands de
la classe la plus infime, ayant un patriotisme assez
désintéressé pour accorder plus d'attention à l'État
qu'à leur propre boutique, et, comme on peut être
un excellent patriote sans avoir les talents aristocratiques de lire et d'écrire, ils se pourvoient ordinairement d'un secrétaire ou d'un président qui
puisse suppléer à ce qui leur manque. Un procureur de village, un père de l'Oratoire ou un capucin
défroqué sont dans la plupart des cas les candidats
à cette haute fonction. Ces clubs ne s'assemblent
souvent que pour lire les journaux ; mais lorsqu'ils
sont en force suffisante, ils font des motions pour
des fêtes, censurent les municipalités et tentent de
faire réussir aux élections les membres qui les
composent. On suppose que le club de Paris comprend environ six mille membres ; mais on me dit
que leur nombre et leur influence augmentent
chaque jour et que l'Assemblée nationale leur est
plus soumise qu'elle ne veut le reconnaître. Je crois
cependant que le peuple en général est également
opposé aux jacobins, qui nourrissent, dit-on, le
projet chimérique de fonder une république, et
aux aristocrates qui veulent restaurer l'ancien
gouvernement. Le parti intermédiaire, celui des

Feuillants, est le représentant réel de l'opinion publique ; mais les Feuillants, trop sûrs de cela, emploient moins d'artifices que leurs adversaires, n'ont aucun point d'union et peuvent finalement être sapés par l'intrigue ou subjugués par la violence.

Vous ne paraissez pas comprendre pourquoi je place la vanité parmi les causes de l'émigration ; elle en est pourtant une des principales. La petite noblesse de province s'imagine qu'en imitant ainsi la haute noblesse elle forme avec elle une sorte de cause commune qui plus tard pourra égaliser les rangs. Cela est devenu parmi les femmes une sorte de ton, et l'accent avec lequel elles parlent de leurs amis émigrés exprime plus d'orgueil que de regret.

———

24 juin 1792.

Vous avez sans doute appris par les journaux le dernier outrage des jacobins pour forcer le roi à consentir à la formation d'une armée à Paris et à signer le décret qui bannit le clergé non assermenté. Vous connaissez la procession des sans-culottes, l'indécence de leurs bannières et les désordres qui en sont résultés ; mais il est impossible de vous faire une idée de l'indignation générale excitée par ces atrocités. Toutes les personnes bien pensantes sont affligées du présent et pleines d'appréhensions pour l'avenir. J'espère encore que les desseins avoués des jacobins engageront les constitutionnels et les aristocrates à s'unir pour défendre la couronne. Beaucoup de municipalités et de départements préparent des adresses au roi sur le courage qu'il a déployé dans cette heure d'insulte et de péril. Je ne sais pourquoi le peuple avait une faible opinion de son courage ; les derniers événements auront eu le bon résultat de le désabuser.

———

24 juillet 1792.

L'anniversaire de la révolution s'est passé tranquillement en province et l'on a vu à Paris moins de turbulence que nous ne l'avions supposé. La fête de la Fédération m'a paru gaie, élégante et assez imposante … Les « dévots » et les aristocrates déterminés ne sont jamais présents en ces occasions. Je demandais à une femme qui nous apporte des fruits chaque jour pourquoi elle n'était pas venue le 14. « A cause de la Fédération, me dit-elle. — Vous êtes donc aristocrate ? — Ah, mon Dieu non ; ce n'est pas parce que je suis aristocrate ou démocrate, mais parce que je suis chrétienne. »

Cet exemple, entre beaucoup d'autres, montre quelle faute ont commise les législateurs en liant la révolution à un changement dans la religion nationale.

Je suis convaincue chaque jour que ceci et les assignats sont les grandes causes de l'aliénation visible de beaucoup de gens qui, autrefois, étaient les plus chauds patriotes. Adieu ! ne nous enviez pas nos fêtes et nos cérémonies, lorsque vous possédez une constitution qui n'a besoin d'aucun serment pour vous être chère, et une liberté nationale sentie et appréciée de tous sans l'aide d'une décoration extérieure.

———

15 août 1792.

Il est impossible, même à un étranger, de ne pas sentir un profond regret à la vue des calamités présentes de ce pays. Je partage tellement la consternation et l'horreur générale que j'ai à peine le courage d'écrire [1]. Tout le monde est désolé et indigné de la déposition du roi ; mais cette douleur est sans énergie et cette indignation est silencieuse. Les partisans de l'ancien gouvernement et les amis du nouveau sont également furieux ;

[1] Après les événements du 10 août.

mais ils sont désunis, se soupçonnent les uns les autres, et succombent sous la stupeur du désespoir au lieu de se préparer à la vengeance. Il est difficile de vous décrire notre situation pendant cette dernière semaine ; les efforts infructueux de La Fayette et les violences qu'ils avaient occasionnées nous avaient préparés à quelque chose d'encore plus sérieux. Nous avions eu le 9 une lettre d'un des représentants du département exprimant fortement ses appréhensions pour le lendemain et promettant d'écrire s'il y survivait.

Le jour où nous attendions les nouvelles, il ne nous parvint ni poste, ni journaux, ni diligence, et nous n'avions aucun moyen d'information. Nous sommes restés debout toute la nuit suivante, attendant des lettres par la poste ; rien encore ; le courrier seulement passa précipitamment, ne donnant aucun détail, si ce n'est que Paris était à feu et à sang. A la fin, après deux jours et deux nuits d'horrible incertitude, nous avons reçu des nouvelles certaines qui dépassaient toutes nos craintes. Il est inutile de répéter les horreurs qui ont été accomplies. Notre représentant, comme il semblait s'y attendre, avait été trop maltraité pour pouvoir écrire. Il était un de ceux qui avaient voté l'approbation de la conduite de La Fayette ; tous ceux-là ont été massacrés, blessés ou menacés, et, par ce moyen, on s'est procuré une majorité pour voter la déposition du roi. Le parti vainqueur avoue que 8,000 personnes ont péri dans cette occasion ; mais on suppose que le nombre des victimes est encore bien plus considérable. On ne publie plus que les journaux dont les éditeurs sont membres de l'Assemblée, et ceux-ci, étant agents ou instigateurs des massacres, ont tout intérêt à les dissimuler ou à les atténuer. M. de..., qui vient de lire une de ces atroces feuilles, s'écrie avec des larmes dans les yeux : « On a abattu la statue de Henri IV ! » Le sac de Rome par les Goths n'offre rien d'égal aux actes de licence et de barbarie commis dans un pays qui s'intitule le plus éclairé de l'Europe.

Hesdin.

Nous sommes ici dans une petite ville fortifiée, quoique trop faible pour opposer une résistance suffisante à l'artillerie ; sa proximité de la frontière et la crainte des Autrichiens rendent les habitants très-patriotes. A notre arrivée, nous avons été entourés par une grande foule de peuple qui avait quelque soupçon que nous émigrions ; cependant, lorsque nos passe ports eurent été examinés et déclarés légaux, ils se retirèrent très-paisible-ment.

L'approche de l'ennemi maintient l'ardeur du peuple, et, quoique mécontents des derniers événements, ils n'ont pas encore assez senti le changement de leur gouvernement pour désirer l'invasion d'une armée autrichienne.

Chaque village, chaque chaumière nous salue du cri de : « Vive la nation ! » Le cabaret vous invite à boire de la bière *à la nation* et vous offre un logement *à la nation*. Le marchand de chandelle vend de la poudre à cheveux et du tabac à priser *à la nation*, et il y a même des barbiers patriotes dont les enseignes vous annoncent que vous pouvez vous faire couper les cheveux et arracher les dents *à la nation*. — On ne peut pas faire d'objection raisonnable à de tels actes de patriotisme ; mais le fréquent et ennuyeux examen de nos passe-ports par des gens qui ne savent pas lire ne me paraît pas tout à fait innoffensif et il m'arrive parfois de perdre patience. Hier, un garde national très-vigilant, après avoir épelé mon passe-port pendant dix minutes, m'objecta qu'il n'était pas bon. Je maintins le contraire et, me sentant une importance momentanée au souvenir de mon pays natal, j'ajoutai d'un ton assuré : « Et d'ailleurs je suis Anglaise, et par conséquent libre d'aller où bon me semble. » — L'homme me regarda avec surprise, mais il admit mon argument et nous laissa passer.

La porte de ma chambre est entr'ouverte, et me

permet de voir dans celle de madame de L..., qui est de l'autre côté du passage. Elle n'a pas encore mis son bonnet, mais ses cheveux gris sont poudrés à profusion, et, sans autres vêtements qu'un court jupon de dessous et un corset, elle est là, pour la plus grande édification des passants, mettant son rouge avec une petite houppe de coton liée au bout d'un bâton. — Tous les voyageurs s'accordent à décrire la grande indélicatesse des Françaises ; je n'ai pourtant vu aucun compte rendu qui exagère cette disposition ; presque tous, au contraire, restent bien en deçà de la vérité. Cette partie peu attrayante du caractère féminin n'est pas confinée ici à la basse classe ou aux classes moyennes ; et une Anglaise est aussi exposée à rougir dans le boudoir d'une marquise que dans la boutique qui sert aussi de cabinet de toilette à la grisette.

Arras, août 1792.

Hier était le jour fixé pour le nouveau sermen de liberté et d'égalité ; je n'ai pas vu la cérémonie, car la ville était dans une telle confusion que nous avons jugé prudent de rester au logis. On me dit que le rebut du peuple seul y a assisté ; le président du département, par une galanterie appropriée, a offert le bras à madame Duchêne, qui vend des pommes dans une cave et qui est présidente du club des jacobins. On raconte cependant aujourd'hui qu'elle est tombée en disgrâce auprès de la société à cause de sa condescendance, parce qu'en paradant dans la ville avec un homme qui a 40,000 livres de rentes, elle a fait un trop grand compliment à l'aristocratie de la richesse ; de sorte que la galanterie politique de M. le président ne lui aura servi à rien. Il s'est abaissé et rendu ridicule aux yeux des aristocrates et des constitutionnels, sans pour cela faire sa cour à la faction populaire. A propos, nous avons été obligés de reconnaître cette nouvelle souveraineté en illuminant la maison. Ceci n'a pas été ordonné, comme en Angleterre, par des vociférations nocturnes, mais par le commandement régulier d'un officier député à cet effet.

Demain, nous partons pour Lille, malgré le le bruit qui court que la ville a déjà été sommée de se rendre. Vous jugerez la chose à peine possible, mais il nous est extrêmement difficile d'obtenir aucun renseignement certain à ce sujet, quoique la distance soit seulement de trente milles. Les communications sont beaucoup moins fréquentes et faciles ici qu'en Angleterre.

Lille, août 1792.

La route d'Arras à Lille est aussi riche et beaucoup plus variée que celle que nous avons parcourue jusqu'ici. La plaine de Lens est maintenant une telle scène de fertilité, qu'on oublie qu'elle a été autrefois un champ de guerre et de carnage. Dans la ville nous avons tenté d'apprendre où l'on avait élevé la colonne commémoratrice de la fameuse bataille, mais personne n'en savait rien. Une sorte de procureur, qui paraissait plus intelligent que les autres, nous répondit, lorsque nous lui demandâmes l'endroit « où le prince de Condé s'était si bien battu. — Pour la bataille, je n'en sais rien ; mais pour le prince de Condé, il y a déjà quelque temps qu'il est émigré ; on le dit à Coblentz.» — Après cela, nous avons jugé que nos questions seraient vaines, et nous avons continué notre promenade dans la ville.

M. P..., qui, suivant l'habitude française, n'avait pas déjeuné, eut la fantaisie d'entrer dans la boutique d'un boulanger pour acheter un petit pain. Cet homme ayant été beaucoup plus poli que nous ne pouvions nous y attendre pour nos deux sous, j'observai qu'il devait être aristocrate. M. P..., qui est un chaud constitutionnel, ayant discuté la justesse de mon induction, nous sommes convenus de retourner sur nos pas et d'apprendre

quels étaient les principes politiques du boulanger.
Après avoir acheté de nouveau quelques petits
pains, nous lui avons adressé la question habituelle :
« Et vous, monsieur, vous êtes bon patriote? —
Ah ! mon Dieu, oui, répliqua-t-il, il faut bien l'être
à présent. » — M. P... conclut de son ton de voix
et de ses manières que j'étais dans le vrai. — Il
est certain que les Français ont mis dans leur tête
que la grossièreté des façons est une conséquence
naturelle de la liberté et que c'est un crime de
lèse-nation que d'être très-poli.

La nouvelle doctrine d'égalité a déjà fait quelques progrès. Nous nous étions arrêtés pour dîner
à une petite auberge de Carvin, où l'on nous assu-
rait que nous trouverions toute espèce de choses.
Lorsque je remarquai qu'on avait mis plus de
couverts qu'il n'était nécessaire, la femme me
répondit : « Et les domestiques, est-ce qu'ils ne
dînent pas ? » Nous lui avons dit : « Pas avec
nous, » et les couverts furent enlevés ; mais nous
l'entendions dire en murmurant dans la cuisine
qu'elle croyait que nous étions des aristocrates sur
le point d'émigrer. Elle a pu penser aussi que nous
étions difficiles à satisfaire, car il nous a été impossible de dîner et nous avons quitté la maison mou-
rant de faim, quoiqu'il y eût « toute espèce de
choses. »

Lille, août 1792.

Nous avons aperçu Dumouriez sur la route entre
Carvin et Lille. Il allait prendre le commandement
de l'armée et vient de visiter le camp de Maulde.
Il paraît être d'une taille au-dessous de la moyenne,
il a environ cinquante ans, le teint brun, les yeux
noirs et une expression animée. Il est soutenu ac-
tuellement par le parti au pouvoir ; mais j'avoue
que je ne pouvais pas considérer avec plaisir un
homme que les machinations des jacobins ont
placé de force au ministère et dont la résignation
hypocrite et affectée a contribué à tromper le
peuple et à perdre le roi.

Lille a tout l'air d'une grande ville, et le mélange d'activité commerciale et d'occupation militaire lui donne un aspect gai et populeux. Les Lillois sont très-patriotes, très-irrités contre les Autrichiens, et considèrent le siége prochain avec
plus de mépris que d'appréhension. Je demandais
ce matin à la servante qui fait ma chambre à quelle
distance se trouve l'ennemi :«A une lieue et demie
ou deux lieues, à moins qu'il ne se soit plus avancé
depuis hier, » me répondit-elle avec la plus entière indifférence. — J'avoue que je n'apprécie pas
beaucoup un pareil voisinage, et la vue des fortifications (qui ne m'ont pas fait la moindre im-

pression, car je n'y connais rien) était absolument nécessaire pour relever mon courage abattu.

———

Lille, 1792.

Les Autrichiens sont attendus de jour en jour devant cette place, qu'ils peuvent détruire, mais qu'ils ne prendront pas. Ce n'est pas au point de vue militaire que je m'aventure à parler d'une façon aussi décidée. Je connais aussi peu que possible les mérites de Vauban ou la valeur de la garnison ; mais je tire mes conséquences de l'enthousiasme des habitants de toutes classes. Chaque individu semble le partager ; les rues retentissent d'acclamations patriotiques, de chants de guerre et de défi. Rien ne peut être plus animé que le théâtre. Toute allusion aux Autrichiens, tout chant ou sentence exprimant la résolution de se défendre est suivi d'une explosion où l'on reconnaît facilement le sentiment du peuple entier et non pas l'effort d'un parti. Il y a sans doute ici comme partout des dissensions politiques ; mais la menace du siége semble les avoir toutes effacées devant la pensée de la défense commune. Chacun sait qu'une bombe ne fait aucune différence entre un feuillant, un jacobin et un aristocrate, et ils ne sont plus aussi désireux de s'entre-détruire, sachant que chacun d'eux court le même risque. Je crois qu'un sentiment plus élevé que le pur égoïsme les unit en ce moment pour la défense d'une des plus belles et des plus intéressantes villes de France.

Arras, 1er septembre 1792.

Je ne puis m'empêcher de déplorer l'esprit de dévastation qui vient de s'emparer des Français. Ils enlèvent de la cathédrale toutes les « figures honorées par le temps » et peignent ses supports massifs dans le style d'une salle de danse. La rage de ces nouveaux Goths est inexorable; ils semblent avides de détruire tout vestige de civilisation, de peur que les gens ne se souviennent qu'ils n'ont pas toujours été des barbares.

Nous avons obtenu une permission de la municipalité pour visiter les jardins et le palais de l'évêque, qui a émigré. Ces jardins forment une promenade agréable qui, du temps de l'évêque, était ouverte à tous les habitants, mais aujourd'hui elle est fermée et en désordre. Je ne suis pas, en général, très favorable aux premiers émigrants ; mais il y a beaucoup à dire pour l'évêque d'Arras. Il a été poursuivi par l'ingratitude et marqué pour la persécution. Il avait tiré les deux Robespierre d'un état misérable, les avait élevés et patronnés. La révolution leur donna une opportunité de déployer leurs talents, et leurs talents leur procurèrent la popularité. Ils devinrent les ennemis du clergé parce que leur patron était un évêque, et tentèrent de rendre leur bienfaiteur odieux, parce que le monde ne pouvait pas oublier, ni eux pardonner, tout ce qu'ils lui devaient.

Aujourd'hui nous avons dîné et passé l'après-midi à la maison. Après le dîner, notre hôtesse nous a proposé comme d'habitude de jouer aux cartes, et, comme d'habitude aussi dans les sociétés françaises, tout le monde y a consenti. Cependant nous avons attendu quelque temps et les cartes n'arrivaient pas ; à la fin, des conversations particulières s'étant formées, on n'y pensa plus. J'ai appris depuis, par une des jeunes femmes de la maison, que le sommelier et les valets de pied se rendaient tous au club et aux guinguettes et qu'on n'avait pas pu se procurer les cartes et les marques.

Voilà un autre inconvénient des circonstances présentes : tous les gens qui possèdent quelque chose ont commencé à enterrer leur argent et leur vaisselle plate ; comme presque toujours les domestiques sont forcément dans la confidence, ils sont devenus paresseux et impertinents ; ils s'imaginent que leur fidélité les exempte de toutes les

autres qualités. Les clubs sont un réceptacle de
.paresse, et les domestiques qui jugent à propos de
les fréquenter le font avec très-peu de cérémonie.
Ils savent que bien peu de maîtres seraient assez
imprudents pour les congédier à cause de leur assistance patriotique aux réunions jacobines. Même
les serviteurs qui ne sont pas convertis aux nouveaux principes ne résistent pas à la tentation
d'abuser un peu du pouvoir qu'ils ont acquis par la
connaissance des affaires de famille. Probablement
l'effet total de la révolution n'a pas été favorable à
la moralité de la plus basse classe du peuple.

Notre maison donne sur une agréable promenade publique, où je m'amuse chaque jour à voir
les recrues faire l'exercice. Ce n'est pas tout à fait
aussi régulier que chez vous. L'exercice est souvent interrompu par des difficultés entre l'officier
et ses élèves ; les uns veulent tourner à droite,
les autres à gauche, et généralement chacun finit
par suivre le chemin qui lui paraît le meilleur.
L'auteur des *Actes des Apôtres* [1] cite un colonel
qui réprimandait un de ses hommes qui marchait
mal. — « Eh diantre ! répliqua l'homme, comment veux-tu que je marche bien, quand tu as fait
mes souliers trop étroits ? » — Ceci n'est pas une
plaisanterie ; de pareils faits sont très-communs.
Un colonel peut être tailleur de son propre régi-

---

[1] On sait que c'était le titre d'un journal publié par Peltier, et
auquel collaborèrent Rivarol, le vicomte de Mirabeau et Bergasse.

ment, et un capitaine coiffeur opère sur les têtes de toute sa compagnie en sa capacité civile, avant de la commander comme militaire.

La promenade dont je vous parle était très-belle ; mais une grande partie des arbres ont été coupés et les ornements détruits depuis la révolution. Je ne sais pourquoi, car elle était ouverte aux pauvres comme aux riches et elle était un grand embellissement pour la ville basse. Vous devez trouvez étrange que toutes les destructions que je cite datent de l'ère révolutionnaire, que je parle sans cesse de démolitions et jamais de monuments réédifiés. Mais ce n'est pas ma faute. « Si la liberté est destructive, je dois la peindre ainsi. » Cependant, dans beaucoup de rues, il s'élève des maisons sur la place et avec les matériaux des couvents vendus ; mais ceci est une œuvre individuelle et non nationale. Les gens qui ont acheté ces propriétés bon marché se hâtent d'en changer la forme, de peur qu'une nouvelle révolution ne vienne les en priver.

———

Arras, septembre 1792.

Je suis fâchée de voir que la plupart des volontaires qui vont rejoindre l'armée sont ou des vieillards ou de très-jeunes garçons tentés par la paye

extraordinaire et poussés par le manque d'emploi.
Un savetier, que nous avions employé à élever des
canaris pour madame de…, nous a apporté tous les
oiseaux qu'il possédait, et nous a dit qu'il partait
demain pour la frontière. Nous lui avons demandé
pourquoi, à son âge, il songeait à rejoindre l'armée.
Il nous dit qu'il avait déjà servi et qu'il avait encore quelques mois à faire pour avoir droit à sa
pension. — « Oui, mais d'ici là vous pouvez être
tué, et alors à quoi vous serviront vos droits à une
pension ? — N'ayez pas peur, madame, je me mé-
nagerai bien ; on ne se bat pas pour ces gueux-là
comme pour son roi… »

———

Septembre 1792.

Les têtes des basses classes du peuple sont très-
troublées par ces nouveaux principes de l'égalité
universelle. Ce matin, nous demandions à un
homme que nous voyions près d'une voiture, si
elle était louée. « Monsieur ? » répondit-il, puis,
s'arrêtant tout à coup : « Non, j'oubliais que je ne
devais plus dire monsieur, car ils m'ont appris que
j'étais l'égal de n'importe qui au monde ; cependant je ne sais pas trop, après tout, si c'est la vérité, et, comme j'ai bu tout mon comptant, je crois

que je ferais mieux de rentrer chez moi et de re-
commencer à travailler demain. » Ce nouveau dis-
ciple de l'égalité avait, selon toute apparence, amplement sacrifié, le verre en main, au succès de la
sainte cause, et il sortait d'un rêve de grandeur
qui, nous dit-il, avait duré deux jours.

5 septembre 1792.

Les assemblées primaires ont déjà commencé
dans ce département. Nous sommes entrés par
hasard dans une église où Robespierre le jeune
haranguait un auditoire aussi peu nombreux que
peu respectable. Ils applaudissaient, du reste, assez
bruyamment pour compenser ce qui leur manquait
d'ailleurs. Si les électeurs et les élus des autres
départements sont du même tempérament que
ceux d'Arras, la nouvelle Assemblée ne sera, sous
aucun point de vue, préférable à l'ancienne. J'ai
reproché à beaucoup de gens du pays de se laisser
ainsi représenter par les individus les plus vio-
lents et les plus indignes de la ville, tandis que
leur éducation et leurs propriétés leur donnaient
le droit de s'intéresser aux affaires publiques. Ils
disent pour leur défense qu'ils sont insultés et
accablés par le nombre lorsqu'ils se rendent aux

réunions populaires et qu'en nommant députés les gueux et les scélérats, ils les envoient à Paris et assurent leur tranquillité locale. Ils enlèvent ainsi les aventuriers turbulents et nécessiteux à la direction d'un club pour les placer à celle du gouvernement et se procurent un soulagement partiel en contribuant à la ruine générale.

On dit que Paris est dans un état d'extrême fermentation; nous sommes inquiets de M. P... qui devait y aller de Montmorency la semaine dernière.

———

Arras, septembre 1792.

Ce n'est pas la mode à présent de fréquenter aucun lieu public; mais, comme nous sommes des étrangers et que nous n'appartenons à aucun parti, nous passons souvent nos soirées au théâtre. Je l'aime beaucoup, non pas tant à cause de la représentation, que parce que cela me fournit une occasion d'observer les dispositions du peuple et la direction qu'on veut lui imprimer. La scène est devenue une sorte d'école politique où l'on enseigne au public la haine des rois, de la noblesse ou du clergé, selon la persécution du moment; et je crois qu'on peut juger souvent par les pièces nouvelles quels sacrifices on prépare. — Il y a un an,

tout le triste catalogue des erreurs humaines était
personnifié par des comtes et des marquis. Ils n'é-
taient pas représentés comme des individus que la
richesse et le pouvoir ont rendus un peu trop or-
gueilleux et beaucoup trop adonnés au luxe, mais
comme des espèces de monstres dont l'existence et
les possessions héréditaires sont par elles-mêmes
et indépendamment de leur caractère personnel un
crime que la confiscation peut seule expier. En
effet, les Français étaient disposés à trouver leur
noblesse coupable. A leurs yeux, sa hauteur était
l'équivalent fatal de tous les autres crimes, et beaucoup de gens qui ne croyaient pas aux autres im-
putations se réjouissaient de voir son orgueil hu-
milié. Le peuple, les riches marchands, la petite
noblesse elle-même, concoururent ardemment à la
destruction d'un ordre qui les dédaignait et les excluait. De toutes les innovations récentes, l'abolition du rang est peut-être celle qui a excité le
moins d'intérêt.

Il est maintenant moins nécessaire de noircir la
noblesse, et les compositions du jour sont dirigées
contre le trône, le clergé et les ordres monastiques.
Tous les tyrans des siècles passés sont tirés de l'ar-
moire par les pédants de la faction, et on leur
assimile les paisibles monarques de l'Europe moderne. La doctrine de la souveraineté populaire est
insinuée artificieusement et on excite le peuple
à exercer un pouvoir qu'il doit implicitement dé-

léguer à ceux qui l'ont trompé et fourvoyé. La frénésie de la populace est représentée comme le plus
sublime effort de patriotisme; l'ambition et la vengeance usurpent le titre de *justice nationale* et im-
molent leurs victimes aux applaudissements de la
foule. La tendance de semblables pièces est visible:
elles accoutument l'esprit du peuple à des événements qui, il y a quelques mois, l'auraient rempli
d'horreur.

Il y a aussi des représentations théâtrales qui
préparent à la fermeture des couvents de femmes
et au bannissement des prêtres. Comme les anciens
sentiments ne sont pas encore effacés, on se donne
quelque peine pour justifier les persécutions par
la calomnie. L'histoire de la dissolution de nos
monastères anglais a été pillée pour y chercher le
scandale; les abus et la bigoterie de tous les pays
sont exposés sur la scène. Les vengeances les plus
implacables, la haine la plus raffinée, l'avarice et
la cruauté la plus extrême sont arrangées en tragédies et représentées comme des œuvres accomplies sous le masque de la religion et sous l'impunité des cloîtres, tandis que les opéras et les farces,
dont le ridicule a encore plus de succès, dépei-
gnent les couvents comme le séjour de la licence,
de l'intrigue et de la superstition[1].

Ces efforts ont assez bien réussi, non à cause du

[1] Voy. *les Rigueurs du Cloître, les Victimes cloîtrées, les Religieuses de Cambrai, les Visitandines*, etc.

mérite des pièces, mais par la nouveauté du sujet.
Le-peuple était, en général, étranger à l'intérieur
des couvents ; il les regardait avec cette sorte de
respect que le mystère produit sur les esprits
ignorants. L'habit monastique était même interdit
sur la scène ; de sorte qu'une représentation de
cloîtres, de moines et de nonnes, avec leurs costu-
mes et leurs mœurs, ne pouvait manquer d'attirer
la multitude. La cause qui rend l'homme curieux
le rend aussi crédule ; ceux dont les regards n'ont
pas été au delà de la grille et ceux-là même qui
ont été élevés dans les couvents ne peuvent pas
juger la vie des religieux ; leur esprit, n'ayant ni
conviction intérieure, ni connaissance de la vérité,
admet facilement la médisance et le mensonge.

. . . .

Le goût gagne aussi peu que la morale à la révolution. On représente des farces vulgaires et im-
morales, on fait le panégyrique des vices de la basse
classe ; et en même temps aucun drame ne réussit s'il n'est supporté par la faction. Comme on ne
se procure ce soutien qu'en avilissant le trône,
le clergé et la noblesse, les injures remplacent
maintenant le mérite littéraire, et la menace con-
traint au silence ceux qui oseraient désapprouver
la pièce..

---

4 septembre 1792.

Paris est un lieu de proscription et de massacre. Les prisonniers, le clergé, la noblesse, tous les ennemis supposés de la faction qui gouverne, tous les objets de vengeances privées sont sacrifiés sans merci. Nous sommes ici dans la terreur et la consternation la plus extrême. Nous ne savons pas quelle sera la fin ni l'étendue de ces malheurs, et chacun est anxieux pour lui-même et pour ses amis. Notre société est composée surtout de femmes : nous n'osons pas nous aventurer dehors et nous nous serrons les unes contre les autres comme des oiseaux menacés par l'orage. Je n'ai pas le courage d'écrire davantage. Voici la lettre que nous avons reçue de M. P.... par le courrier de cette nuit :

———

Rue Saint-Honoré, 2 septembre 1792.

« ...Des milliers de victimes sont en ce moment marquées pour le sacrifice et massacrées avec un exécrable simulacre de règle et d'ordre. Une multitude féroce et cruelle, dirigée par des assassins choisis, attaque les prisons, force les maisons des prêtres et des nobles, et, après un semblant de condamnation judiciaire, les exécute sur place. Le tocsin sonne, on tire des coups de fusil d'alarme, les rues retentissent de cris épouvantables, une sensation indéfinissable de terreur vous saisit au cœur. Je sens que j'ai commis une imprudence en venant à Paris, mais les barrières sont maintenant fermées et je dois subir les événements. Je ne sais pas à quoi tendent ces proscriptions, si tous ceux qui n'en sont pas les avocats ne doivent pas en devenir les victimes; mais une rage ingouvernable anime le peuple : beaucoup d'entre eux ont dans la main des papiers qui semblent les diriger vers leur but et ils s'y précipitent avec une ardeur furieuse et sauvage...

« Une voiture vient de s'arrêter près de mon logement; mes oreilles ont été frappées par des gémissements d'angoisse et par des cris d'une joie frénétique. Après un moment d'incertitude pour savoir si je devais descendre ou rester chez moi, j'ai pensé qu'il valait mieux me montrer que d'avoir l'air de me cacher au cas où le peuple entrerait dans la maison. Je suis donc descendu ; mais je tire un voile sur la scène qui s'est offerte à mes regards : la nature se révolte devant de pareils excès. Qu'il suffise de dire que j'ai vu des voitures chargées de morts et de mourants, conduites par les meurtriers encore tout sanglants. L'un d'eux criait avec allégresse : « Voici un jour glorieux pour la « France! » J'essayai de donner mon assentiment,

mais la voix me manquait et, lorsqu'ils furent passés, je me réfugiai dans ma chambre. — On dit en
ce moment que l'ennemi se retire de Verdun ; en
toute autre occasion, cela serait désirable ; mais à
présent on ne sait que souhaiter. Très-probablement, on fait courir ce bruit dans l'espoir d'apaiser la populace. Ils ont déjà attaqué deux fois le
Temple, et je crains qu'avant demain le dernier
asile de la majesté déchue ne soit violé par ces furieux. »

. . . .

5 septembre.

« Le carnage n'a pas cessé, mais il s'accomplit
maintenant avec plus de sang-froid et on choisit
davantage les victimes : une cruauté frénétique,
qu'on décore du nom de patriotisme, bannit la clémence et la raison. M..., que j'ai connu jusqu'ici
de réputation comme un homme droit et même
humain, avait un frère enfermé aux Carmes avec
un grand nombre d'autres prêtres. Par sa situation
et ses relations, M... avait assez d'influence pour
pouvoir le préserver. L'infortuné frère, sachant
cela, trouva le moyen de lui faire passer un billet
où il le priait de le faire immédiatement relâcher
et de lui procurer un asile. Le messager revint avec

cette réponse que M. P... « n'avait aucune relation
« avec les ennemis de son pays. » Quelques heures
après, le massacre des Carmes commençait.

« Je ne sais si on laisse partir les courriers; mais,
comme les maisons ne sont pas plus sûres que la
rue, je vais faire moi-même un effort pour vous
faire parvenir cette lettre. »

Arras, septembre 1792.

La timidité naturelle de mon tempérament, jointe
à la frayeur qu'ont tous les Anglais d'une violation
quelconque de leur domicile, me rend incapable
d'assister à de semblables scènes. Je deviens stupide et mélancolique, et mes lettres se ressenti-
ront de l'accablement de mon esprit.

A Paris, les massacres dans les prisons sont
maintenant terminés, mais ceux des rues et des
maisons particulières continuent encore. Il arrive
à peine un courrier qui n'informe M. de X... de la
mort de quelque ami, et Dieu sait quand tout ceci
finira !

On nous avait annoncé depuis deux jours que,
suivant un décret de l'Assemblée, des commissaires
étaient attendus ici la nuit et qu'on sonnerait le

tocsin pour que chacun rendît ses armes. Nous n'avons pas osé nous mettre au lit pendant ces deux nuits ; nous nous étendions simplement dans nos robes de chambre, sans même essayer de dormir. Ce moment redouté est maintenant passé. Des détachements de jacobins ont paradé dans les rues hier matin, désarmant tous ceux qu'il leur plaisait. J'ai remarqué qu'ils avaient des listes dans la main et qu'ils allaient seulement dans les maisons qui avaient une apparence de richesse. M. de ..., qui a été au service pendant trente ans, a rendu ses armes à un tout jeune garçon, et celui-ci s'est conduit envers lui avec la plus extrême insolence. Nous étions assises tremblantes de crainte et presque sans connaissance pendant tout le temps qu'ils sont restés dans la maison ; et, si je pouvais vous dépeindre leur extérieur, vous trouveriez notre terreur très-justifiable.

———

Arras, 14 septembre 1792.

..... Les amis d'une réforme raisonnable et les soutiens de l'ancienne monarchie se sont offensés les uns et les autres trop profondément pour s'accorder pardon ou confiance, et le pays sera peut-être sacrifié par la désertion successive de ceux qui ont le plus d'intérêt à sa conservation. Le clergé, déjà divisé contre lui-même, est abandonné par la noblesse ; la noblesse est persécutée par les intérêts commerciaux. En un mot, il n'y a d'union que parmi les jacobins, c'est-à-dire parmi quelques personnes faibles qu'on trompe, et des bandits qui exploitent leur patriotisme.

. . . .

Les journaux vous informeront que les Français ont maintenant le droit d'obtenir le divorce sous n'importe quel prétexte et même sans prétexte aucun, si ce n'est celui que beaucoup de gens trouvent excellent, le consentement mutuel. Une dame de notre connaissance est devenue républicaine à l'occasion de ce décret, et en usera probablement bientôt ; mais je crois que cette conduite ne sera pas très-générale.

On a beaucoup parlé de la galanterie des dames françaises, et ce n'est pas sans raison ; mais, quoiqu'elles soient parfois des épouses inconstantes, elles sont pour la plupart des amies fidèles ; elles sacrifient leur mari sans l'abandonner, et elles s'occupent de leurs intérêts communs avec autant de zèle que si elles étaient guidées par l'attachement le plus inviolable. Madame de C., que nous rencontrons souvent dans le monde, est la femme d'un émigré, et on dit qu'elle n'est pas absolument inconsolable de son absence. Cependant elle fait des efforts infatigables pour lui procurer de l'argent ; elle compromet même sa sécurité par sa sollicitude, et vient d'obtenir d'un de ses admirateurs favoris qu'il hâte son départ pour la frontière afin de porter au mari une somme qu'elle a réunie avec beaucoup de difficulté. De pareils exemples ne sont pas, je crois, très-rares. Comme un Français préfère ordinairement son intérêt à toute autre chose et qu'il est un peu plus accommodant qu'un Anglais, les choses s'arrangent ordinairement à l'amiable et on entend rarement parler de séparation [1].

Saint-Omer, septembre 1792.

. . . .

Le seul endroit où nous ayons pu faire rafraîchir nos chevaux est une petite auberge décorée du nom d'Hôtel d'Angleterre. Ce n'était pas luxueusement fourni ; nous n'avons pu avoir pour tout repas que des œufs et du thé que nous avions apporté avec nous. Il y avait, dans la chambre voisine de celle que nous habitions, deux prisonniers enchaînés que des officiers emmenaient à Arras pour les mettre en lieu plus sûr. L'histoire secrète de cette affaire

[1] Mœurs de la haute classe au dixième-huitième siècle. (Note du traducteur.)

mérite d'être racontée, car elle caractérise la situation et montre l'ascendant que les jacobins acquièrent chaque jour.

Ces hommes étaient accusés de contrebande avec des circonstances particulièrement atroces et avaient été emprisonnés à... Quelques jours après, une jeune fille de mauvaise réputation, qui a beaucoup d'influence au club, fit la motion que le peuple vînt en corps demander la liberté des prisonniers.

La motion fut appuyée et l'hôtel de ville assailli d'une troupe formidable de matelots, marchandes de poissons, etc. La municipalité refusa d'obéir, la garde nationale fut appelée, et, comme la populace persistait, on tira par-dessus leurs têtes ; quelques hommes furent blessés, les autres se dispersèrent d'eux-mêmes. Maintenant il faut vous dire quel était le motif caché de tout ceci : 2,000 livres avaient été promises à un des chefs jacobins s'il réussissait à procurer à ces hommes leur liberté. Cela n'est pas une conjecture que j'avance : le fait est connu de la municipalité ; elle aurait bien voulu expulser l'homme qui est un de ses membres, mais la partie honnête s'est trouvée trop faible pour engager une querelle sérieuse avec les jacobins.

On est plein d'appréhension lorsqu'on songe qu'une société peut ainsi s'opposer avec impunité à l'exécution des lois, et qu'un peuple qui est peu sensible aux choses se laisse ainsi abuser par les mots. Ils souffrent des milliers d'énormités avec une patience merveilleuse, et cependant ils risquent aveuglément leur liberté et leur vie pour faire réussir les desseins d'un aventurier, parce qu'il s'intitule patriote et les harangue dans un club.

Amiens, septembre 1792.

La Convention commence ses travaux sous des auspices défavorables. Une terreur générale semble s'être emparée des Parisiens : les routes sont couvertes de voitures, les auberges remplies de voyageurs. Un nouveau règlement est mis en vigueur, apparemment pour arrêter cette humeur vagabonde. A Abbeville, où nous arrivions tard et très-fatigués, nous avons été conduits à la municipalité ; là, nos passe-ports furent comparés avec nos personnes, et, à l'auberge, nous avons été obligés d'inscrire sur un livre nos noms, le lieu de notre naissance, d'où nous venions et où nous allions. Ceci, direz-vous, ressemble plus à la maturité de l'inquisition qu'au début d'une république ; mais les Français ont sur la liberté des notions différentes des nôtres, et acceptent ces choses-là très-pacifiquement. — A Flixecourt, nous avons mangé avec des cuillers d'étain ; les gens nous ont dit avec beaucoup d'inquiétude qu'ils avaient vendu leur argenterie, dans l'attente d'un décret de la Convention qui la leur prendrait. Ce décret n'a pas passé, mais l'alarme est universelle et n'indique pas une grande confiance dans le nouveau gouvernement.

Les Amiénois sont tous aristocrates ; cependant lorsqu'une victime effrayée de ce parti vient chercher un asile chez eux en fuyant Paris, ils calculent avec beaucoup d'exactitude quelle somme la nécessité la contraindra à donner et ils ne veulent pas rabattre une livre de leurs prétentions. Les loyers des maisons et des logements haussent et baissent avec la détresse publique comme les fonds nationaux et sont, comme eux, un objet de spéculation. Beaucoup des propriétaires auxquels nous nous sommes adressés ne tenaient pas autrement à louer leurs maisons, alléguant comme raison de leur indifférence que, si les désordres de Paris augmentaient, ils loueraient certainement avec beaucoup plus d'avantage.

Notre embarras recommence au sujet de la petite monnaie. Beaucoup de communes qui avaient émis des billets de cinq, dix et quinze sous, remboursables en assignats, ont fait banqueroute ; cet accident a jeté un tel discrédit sur toute cette sorte de monnaie nominale, que les billets d'une ville ne passent pas dans une autre.

On insulte communément dans les rues les femmes qui s'habillent trop bien ou avec des cou-

leurs qu'il plaît au peuple d'appeler « aristocratiques. » J'ai été moi-même presque renversée à
terre parce que je portais un chapeau de paille avec
des rubans *verts...*

———

Abbeville, septembre 1792.

Nous avons quitté Amiens hier matin, mais notre
voiture a été si fort retardée en chemin par le
passage des volontaires, que nous n'avons atteint
Abbeville que dans la soirée. Je fus d'abord un peu
alarmée en nous voyant entourés par un cortége si
formidable ; mais ils ne nous demandèrent qu'une
déclaration de nos principes politiques, et nous en
fûmes quittes pour quelques sourires et quelques
cris de : *Vive la nation !* Plusieurs centaines de ces
recrues étaient beaucoup au-dessous de vingt ans ;
mais les pauvres garçons, égayés par leur nouvel
uniforme et par leur large paye, allaient joyeuse-
ment se livrer à ces hasards qui mettent la jeunesse
et la vieillesse sous le niveau du même destin.

A Abbeville, nous eûmes à subir un nouvel examen d'identité à l'hôtel de ville, et l'abrégé de notre
histoire fut encore enregistré à l'auberge. On sup-
poserait vraiment que la ville est sous la terreur
d'un siége, ou, tout au moins, de la peste. Mon

passe-port fut examiné avec autant de soupçon que si j'avais eu l'air d'un Achille travesti, et madame de..., qui a aussi peu d'expression qu'une peinture chinoise, fut étudiée par un inquisiteur en lunettes, lequel croyait peut-être trouver dans sa figure les traits d'un Machiavel féminin... Nous nous arrêtâmes pour changer de chevaux à Bernay. Je m'aperçus bien vite que notre hôtesse était une patriote très-ardente. Dans une chambre que nous traversâmes à gué, au grand risque de nos robes, était une représentation du siége de la Bastille, jointe aux portraits d'une demi-douzaine de généraux américains avec M. Thomas Payne à leur tête. En descendant, nous trouvâmes que le dîner, à demi dévasté, refroidissait sur la table, pendant que notre postillon débitait la gazette et que les porcs et les canards pâturaient amicalement ensemble sur tous les produits de la cuisine. On régla les affaires des Prussiens et des Autrichiens avec une parfaite unanimité, mais quand nos politiques, ce qui arrive souvent, en vinrent à régler leur propre compte, la conférence montra beaucoup moins d'accord. Le postillon offrit un billet de dix sous, que l'hôtesse refusa ; l'un persistait à dire que c'était de la bonne monnaie, et l'autre à refuser, tant qu'enfin le patriotisme des deux fléchit sous l'épreuve, car ils ne conclurent la paix qu'en maudissant de concert ceux qui avaient inventé « ce fichu papier. »

A ..., nous rencontrâmes notre amie madame de... avec une portion de sa famille et une immense quantité de bagages... J'appris en m'enquérant qu'ils ne se trouvaient pas en sûreté à Arras, et qu'ils allaient résider près du domaine de M. de..., où ils sont mieux connus. Je commence à me demander si nous faisons prudemment de nous établir ici pour l'hiver. Émigre qui peut, même ceux qui ont été des défenseurs zélés de la révolution. La défiance et la crainte semblent s'être emparées de tous les esprits. Ceux qui sont dans les villes se sauvent à la campagne, pendant que les habitants du château isolé cherchent un refuge dans la ville voisine. Des troupeaux d'aristocrates et de patriotes tremblent et s'agitent devant la tempête qui approche, et cependant aiment mieux en subir la furie que de chercher un abri commun et de se défendre ensemble.

———

Octobre 1792.

Je compte quitter cette ville aussitôt que possible. Elle est troublée par la foule qui vient des camps récemment levés, et les soldats sont extrêmement brutaux et insolents. Le peuple est déjà familiarisé avec la dépravation extrême qui commence à do-

miner dans les mœurs ; la femme d'un colonel se
promène ici avec un bonnet rouge, des pistolets à
la ceinture, et se vante publiquement du nombre
de gens qu'elle a tués lors des massacres d'août et
de septembre.

.   .   .   .

Amiens, octobre 1792.

Les basses classes ont ici, aussi bien que de
l'autre côté du détroit, l'habitude d'attribuer aux
ministres et aux gouvernements une influence sur
les opérations de la nature. Je faisais remarquer
à une femme qui m'apporte du fruit que le raisin
est cher et mauvais cette année. « Ah ! mon Dieu,
oui ! il ne mûrit pas. Il me semble que tout va mal
depuis qu'on a inventé la Nation. »

Novembre 1792.

.   .   .   .

Le bannissement des prêtres n'a pas encore produit tout l'effet qu'on en attendait. Il est vrai que

les messes ne sont dites que par le clergé constitutionnel ; mais le peuple est en général aussi
ingénieux pour éluder les lois que les législateurs
pour les fabriquer ; aussi beaucoup de personnes,
au lieu d'aller dans des églises qu'elles croient
profanées par des prêtres assermentés, affluent
dans des cimetières, dans les anciennes chapelles
et dans d'autres lieux qui, autrefois consacrés à
l'adoration religieuse, n'ont pas été employés depuis la révolution, ni par conséquent souillés par
des messes constitutionnelles. Le cimetière de Saint-
Denis, à Amiens, quoique vaste, est tellement rempli les dimanches et jours de fête, qu'il est presque
impossible d'y entrer. Les dévots s'y portent en
foule par tous les temps, y entendent leur messe
et rentrent chez eux avec la double satisfaction
d'avoir gardé leur fidélité au pape et d'avoir risqué
la persécution pour une cause qu'ils croient mé-
ritoire.

. . . .

Si on en croit les journaux français, ce qu'ils
appellent la cause de la liberté est propagé avec
autant de succès par la plume que par l'épée.
L'Angleterre, disent-ils, est à la veille d'une révolution, et tous ses habitants, excepté le roi et M. Pitt,
sont devenus jacobins...

Ici les gouvernants exercent un tel pouvoir, ils
exigent du peuple une telle soumission, que les
Français courent risque de s'habituer à un despo-

tisme capable de faire oublier et presque de sanctifier les erreurs de leur ancienne monarchie ; et cela pendant qu'ils se croient à la poursuite d'une liberté plus sublime et plus complète que celle dont jouissent les autres nations. Les tentatives de perfection politique ou morale, lorsqu'elles dépassent les limites compatibles avec l'état social ou avec la faiblesse de notre nature, finissent généralement par une dépravation qu'un gouvernement modéré et une morale raisonnable auraient pu conjurer.

Décembre 1792.

Tous les papiers publics insinuent fortement que l'Angleterre est toute préparée pour une insurrection et que l'Écosse est déjà en rébellion ouverte...

C'est maintenant la coutume générale de s'adresser mutuellement l'appellation de *citoyen*, que vous soyez citoyen ou non, habitant de Paris ou natif du Pérou ; c'est un signe d'aristocratie d'exiger un autre titre ou de s'en servir. Ceci s'accorde parfaitement avec le système du jour : les abus sont réels, la réforme est imaginaire. Le peuple est flatté par des mots, tandis qu'il perd les avantages essentiels ; et la permission d'appeler tout le monde *citoyen* est une pauvre compensation au despotisme d'un département ou d'une municipalité.

C'est en vain qu'on flatte le peuple d'une égalité chimérique ; elle ne peut pas exister dans un pays civilisé ; et, si elle existe quelque part, ce ne serait pas en France. Les Français sont habitués à la subordination ; ils s'appuient naturellement **sur** quelque chose de supérieur, et, lorsqu'une classe est dégradée, c'est seulement pour faire place à une autre. L'orgueil de la noblesse est remplacé **par** l'orgueil du marchand. L'influence de la richesse se manifeste de nouveau par l'achat de domaines nationaux ; les abbayes abandonnées deviennent les maisons de plaisance d'opulents commerçants et remplacent les châteaux démolis du régime féodal. L'homme d'affaires enrichi, plein de l'importance que donne sous une république l'influence commerciale, se résigne facilement à l'oppression des classes supérieures et jouit avec une grande dignité de sa nouvelle élévation. Le comptoir d'un fabricant de lainages est aussi inaccessible que le boudoir d'un marquis. D'ailleurs l'homme est moins affable, et son habit de brocart avec ses boucles bien frisées forme un extérieur beaucoup plus choquant que la robe de chambre de perse et les cheveux défaits du gentilhomme...

Le timide ou paisible habitant de Londres, dont la tête était remplie par l'idée de la Bastille et de la police de l'ancien gouvernement, se serait plutôt

aventuré à Constantinople qu'à Paris. Mais à présent
il lit dans les débats de la Convention que la France
est le pays le plus libre du monde, et que les étrangers viennent de tous les points du globe offrir leurs
adorations dans le nouveau temple de la liberté.
Attiré par cette description, il se résout au voyage.
En débarquant avec ses bagages à Calais, il subit
mille contraintes, mais il s'y soumet sans murmurer; car, lors de son embarquement à Douvres,
ses compatriotes l'ont déjà initié à l'art de taxer
les voyageurs. Après avoir inscrit son nom et ré-
compensé les douaniers qui ont fouillé son portemanteau, il veut se distraire par une promenade
dans la ville. La première sentinelle qu'il rencontre
l'arrête, parce qu'il n'a pas de cocarde : il en
achète une dans la première boutique, en payant
très-cher, vu les exigences de la situation, et on lui
permet de continuer. Lorsqu'il a payé sa note à
l'auberge, il croit n'avoir rien à faire qu'à continuer son voyage ; mais il découvre qu'il doit
encore se procurer un passe-port.

Il attend l'employé pendant une heure et demie ;
celui-ci apparaît à la fin avec une règle d'une main
et une plume de l'autre, commence par le mesu-
rer, puis fait l'inventaire de ses traits. Pendant
cette cérémonie, on ferme les grilles et le voyageur ne peut plus partir que le lendemain. Enfin,
le pauvre étranger part de bonne heure ; il est
réveillé deux fois avant Boulogne pour montrer

son passe-port ; cependant il patiente encore, pensant que la lumière nouvelle ne parvient pas encore jusqu'à la frontière et que ces précautions ennuyeuses sont nécessaires près d'un port. — Il continue sa route et peu à peu s'habitue à ce régime de liberté. Quelquefois, le second jour, la validité de son passe-port est contestée, soit parce que la municipalité qui l'a accordé est suspecte d'aristocratie, soit parce qu'il n'est pas régulier ; il doit alors attendre le retour d'un messager envoyé pour le faire rectifier, et les employés constatent ainsi la sévérité de leur patriotisme aux dépens du voyageur.

Sentant sa patience sensiblement diminuer, détestant les règlements des côtes et l'ignorance des petites villes, notre compatriote se décide à s'arrêter quelques jours à Amiens et à y observer les progrès de la liberté. Il s'attend à voir dans cette grande ville commerciale tous les heureux effets de la nouvelle constitution ; il se félicite de voyager à une époque où il peut se procurer des informations et exprimer ses opinions politiques sans craindre la prison d'État et l'espionnage de la police. Cependant, son propriétaire lui apprend que sa présence est indispensable à la maison de ville ; il y va trois ou quatre fois, attend une demi-heure avec les « valets de ville » dans l'antichambre, et chaque fois on lui dit que les officiers municipaux sont occupés.

Ayant, en sa qualité d'Anglais, peu de goût pour ces souverains de troisième ordre et leurs difficiles audiences, il insinue, dans le premier café venu, qu'il pensait qu'un étranger pouvait passer deux jours dans un pays libre sans être mesuré, questionné, examiné en tous sens comme s'il était soupçonné de désertion ; enfin, il hasarde une comparaison indiscrète entre « monsieur le commandant » d'autrefois et le « citoyen maire » d'aujourd'hui. Il découvre alors avec le plus complet étonnement que les émissaires de la police sont remplacés par des espions jacobins. Son discours est rapporté à la municipalité, ses affaires dans la ville deviennent le sujet de mille conjectures ; on l'accuse d'être un « homme sans aveu » et on l'arrête comme suspect. Ce n'est que par l'intercession de gens qu'il peut connaître à Paris qu'on lui permet de continuer son voyage.

A Paris, il vit dans une terreur perpétuelle. Une nuit, il est troublé par une visite domiciliaire, une autre fois par une émeute. Un jour le peuple s'insurge pour avoir du pain, le lendemain il s'entretue dans une fête publique. — Enfin notre compatriote, tout en faisant la part de la confusion qui suit inévitablement un changement récent, s'estime très-heureux s'il regagne l'Angleterre sain et sauf, et il sera satisfait pour le reste de ses jours du degré de liberté qui lui est assuré par la constitution de son pays.

_____

Amiens, janvier 1793.

Les petites misères dont je me plaignais autrefois et qui provenaient de la rareté des petites cou-
pures ont presque disparu par l'émission abondante
de petits assignats ; nous avons maintenant pour dix
sous une assignation pompeuse sur les biens nationaux. On a aussi mis en circulation des pièces
frappées avec les cloches des églises, mais elles disparaissent aussitôt qu'elles sont émises. Vous aurez
peine à croire qu'on puisse juger ce cuivre digne
d'être accumulé : mais l'aversion du peuple pour
le papier et sa méfiance du gouvernement sont si
grandes que pas une ménagère ne se sépare d'une
de ces pièces, tant qu'elle a un assignat à sa disposition. Ceux qui sont assez riches pour en amasser
quelques livres, enfouissent secrètement ce trésor
de cuivre avec la plus grande sollicitude.

On pourrait établir une échelle assez exacte de
la confiance publique en remarquant les progrès
des ensevelissements de métaux. Sous la première
Assemblée, on a commencé à cacher son or ; sous
la seconde, on a pris le même soin affectueux de
son argent, et depuis la réunion de la Convention
on met en sûreté tous les métaux qui se présentent.
Si l'on voulait décrire l'époque actuelle, on pourrait, en France, l'appeler littéralement et méta-

phoriquement l'âge de fer ; car tous les autres
métaux ont disparu.

.   .   .   .

La galanterie de l'Anglais est un sentiment, celle
du Français est un système. Le premier, quand
la femme est laide ou vieille ou qu'elle lui est indif-
férente, peut limiter ses attentions au respect ou
aux services utiles. Le second ne se préoccupe pas
de ces distinctions ; il n'est repoussé ni par la dif-
formité, ni par la vieillesse ; il adore la jeune et la
vieille avec une égale ardeur, et jamais l'une n'est
choquée par sa préférence visible pour l'autre. J'ai
vu un jeune élégant baiser dévotement une pelote
de coton tombée des mains d'une dame qui trico-
tait des bas pour ses petits enfants. Un autre faisait
sa cour à une belle sur le retour, en apportant des
gimblettes au bichon favori ou en suivant avec une
grande assiduité les allées et venues de l'angora ;
celui-ci sortait lentement de la chambre dix fois
dans une heure, tandis que le Français complai-
sant tenait la porte ouverte avec la gravité la
plus respectueuse...

———

Amiens, 1795.

.   .   .   .

Un des traits distinctifs du caractère français

est la résignation ; il se passe à peine un jour sans
que j'en fasse l'observation. Cette disposition ne se
rencontre pas seulement dans la portion pensante
de la nation, chez ceux qui savent que la passion
et l'irritabilité ne servent à rien, ou chez les gens
qui, ne pensant pas du tout, ne sont jamais émus ;
mais on la trouve dans tous les rangs et dans
toutes les conditions, que vous classiez les gens
selon leurs mérites intellectuels ou selon leurs
possessions temporelles. Ils ne supportent pas seulement avec une grande philosophie les calamités
qui atteignent leurs amis, mais ils sont presque
aussi raisonnables lorsqu'elles fondent sur eux-
mêmes.

Au lieu d'imposer sa douleur à la société, un
Français est toujours prêt à accepter des consolations et à se joindre aux divertissements. Si vous
lui racontez que vous avez perdu votre femme ou
vos parents, il vous dit froidement : « Il faut vous
consoler ; » — et s'il vous voit atteint d'une maladie : « Il faut prendre patience. » — Lorsque vous
leur dites que vous êtes ruiné, leurs traits s'allon-
gent davantage, leurs épaules se lèvent un peu plus
et c'est avec plus de commisération qu'ils répon-
dent : « C'est bien malheureux ; mais enfin, que
voulez-vous ? » Et, au même instant, ils vous racontent leur bonne fortune aux cartes ou s'extasient
sur un ragoût. — Mais il faut leur rendre cette justice qu'ils vous offrent précisément les consolations

qu'ils trouveraient efficaces pour eux-mêmes dans un cas semblable.

Cette disposition, qui conserve la tranquillité du riche, endurcit le pauvre au sentiment de sa misère : elle remplace chez l'un la grandeur d'âme, chez l'autre la patience. Cela les aide à endurer leur détresse personnelle et fait qu'ils se soumettent tranquillement à des excès de maux publics sous lesquels toute autre nation succomberait, à moins qu'elle ne tentât d'y résister...

———

Amiens, janvier 1793.

Je vois souvent des adresses envoyées par des Anglais à la Convention. Si le porteur de ces compliments ne connaissait pas les façons de l'Assemblée, il serait assez étonné lors de son introduction dans la salle. Un membre se place dans une attitude menaçante ; un autre lui donne un démenti en des termes parfaitement explicites, quoique fort peu polis. Quelquefois les partisans des deux adversaires se lèvent tous en poussant des clameurs, comme s'ils se préparaient à un combat ; le président met son chapeau comme signal d'un orage. La foule s'apaise, mais les deux principaux acteurs de la scène continuent à s'injurier. Enfin, après des torrents d'invectives indécentes, la querelle se termine par un embrassement fraternel...

———

15 février 1793.

Les Français semblent n'avoir d'énergie que pour détruire, et ils ne s'insurgent que contre la douceur ou l'enfance. Ils se courbent devant une administration oppressive ; mais ils deviennent agités et turbulents devant un prince pacifique ou pendant une minorité.

Le sort de l'infortuné Louis XVI me fait réfléchir très-sérieusement à la conduite de nos écrivains d'opposition en Angleterre. Les bandits littéraires qui gouvernent maintenant la France ont commencé leurs opérations en ridiculisant le caractère privé du roi ; du ridicule ils sont passés à la calomnie, de la calomnie à la trahison. Le premier libelle qui l'a dégradé aux yeux de ses sujets lui a peut-être ouvert le chemin du palais à l'échafaud.

. . . .

Ordinairement, chez une nation civilisée, lorsque le bien-être en général nécessite un acte d'injustice partielle, on tâche d'avoir la plus grande considération pour celui qui en est victime. Mais les législateurs français, à cet égard comme à beaucoup d'autres, sont vraiment originaux, dédaigneux de toute imitation, et ils ne se laissent pas guider par des motifs aussi mesquins. Avec eux, les droits privés sont souvent violés, uniquement pour faciliter les moyens d'oppression publique, et les décrets civiques sont rendus encore plus cruels par la manière dont ils sont exécutés.

Je n'ai rencontré personne qui comprît la nécessité d'expulser les religieuses de leurs couvents : cela s'est accompli cependant, et avec un mélange de petitesse et de barbarie qui excite à la fois le mépris et la haine. Les raisons ostensibles étaient que les communautés sont l'asile de la superstition, et qu'en les supprimant tout à fait, la vente des maisons permettra à la nation de donner aux religieuses une subsistance plus libérale que celle qui leur a été assignée par l'Assemblée constituante. C'est une politique bien superficielle que celle qui croit détruire la superstition en persécutant ceux qui la pratiquent ; d'ailleurs, loin d'ajouter aux pensions des nonnes, comme le décret l'insinue, on les soumet maintenant à un serment qui empêchera celles qui ont la conscience timide de recevoir la somme qu'on leur doit.

.   .   .   .

Beaucoup de communautés sont expulsées d'habitations construites entièrement avec le produit de leur propre travail. Dans quelques endroits, on leur a refusé même leurs lits et leur linge. Les provisions de blé, de bois, etc., qu'elles avaient faites avec le reste de leur pension, ont été saisies et vendues sans qu'on leur offrît la moindre compensation.

Ainsi privées de toutes ressources, on les jette dans le monde, avec défense d'habiter plusieurs ensemble, de porter leur habit et de pratiquer leur religion [1]. Leur pension est pourtant trop minime pour qu'elles puissent vivre autrement qu'en société ; beaucoup d'entre elles n'ont pas le moyen de se procurer des habits séculiers, et se croiront criminelles si elle ne se livrent pas aux exercices religieux auxquels elles sont habituées. — Les femmes qui ont peu de fortune embrassaient souvent en France la vie monastique comme une retraite frugale ; elles abandonnaient alors le peu qu'elles possédaient et pensaient se mettre ainsi à l'abri des vicissitudes à venir. Mais, quoiqu'on puisse facilement se rendre compte des sommes qu'elles ont versées en prenant le voile, on ne leur accorde aucune indemnité ; beaucoup seront obligées de violer leurs principes, afin de recevoir une pension beaucoup inférieure à l'intérêt du capital qu'elles ont abandonné.

---

[1] Deux religieuses qui logeaient chez une dame que j'ai eu parfois l'occasion de voir, me disent qu'il leur est sévèrement défendu de jamais s'habiller l'une comme l'autre, de quelque façon que ce soit.

Outre ces détresses particulières, la suppression des couvents sera, pendant quelque temps du moins, une calamité publique. Il n'y a plus maintenant aucun moyen d'instruction pour les femmes, ni aucun refuge pour celles qui n'ont ni parents ni amis. Des milliers d'orphelines sont jetées sans protection dans le monde, et les tuteurs à qui on confie de jeunes enfants ne savent plus où les placer convenablement. Je ne prétends pas que l'éducation d'un couvent soit la meilleure possible, cependant elle a des côtés avantageux, et d'ailleurs il est incontestable qu'une éducation imparfaite est préférable à une éducation absente.

. . . .

En France, les jeunes filles sont gardées dans une grande retraite ; la religion et l'économie sont les principales connaissances qu'on acquiert au couvent ; on laisse la vanité naturelle du sexe féminin se développer d'elle-même, sans précepte et sans l'aide de l'autorité. Cependant, en sortant de cet enseignement sobre, les mœurs reprennent leur ascendant, aussi bien ici qu'en Angleterre, et la femme commence à son mariage une ère de coquetterie, de paresse, de liberté et de fard. On peut en conclure, ce me semble, que l'éducation d'un pensionnat est mieux appropriée à la classe moyenne ou pauvre ; par conséquent, la suppression des couvents atteindra surtout en France les jeunes filles auxquelles ils sont le plus

utiles et pour qui cette perte sera le plus dangereuse...

———

23 mars 1793.

La situation de la France a beaucoup changé
depuis deux mois ; le pouvoir est devenu plus stable et, par suite, plus absolu. Les mesures arbitraires ne sont plus accidentelles, mais systé-
matiques. Il s'est établi un enchaînement régulier de petites tyrannies dépendant les unes
des autres, commençant par les clubs jacobins et
finissant par les comités des sections. Un simple
décret met en réquisition pour le ministère de la
guerre tous les hommes non mariés de la république de dix-huit à quarante-cinq ans. On en lève
immédiatement 300,000. Chaque département
répond d'un certain nombre d'hommes à la Convention, chaque district doit en fournir sa quote-
part au département, chaque municipalité au district. Leur diligence est activée par des membres ambulants de la législature, à qui on confie la disposition d'une force armée. Cette dernière circonstance peut vous paraître incroya-
ble ; elle est cependant vraie, et la plupart
des départements sont sous la juridiction d'un de
ces souverains dont l'autorité est presque illimi-

tée. Nous avons en ce moment dans la ville deux députés qui arrêtent et emprisonnent selon leur bon plaisir. Vingt et un habitants d'Amiens ont été saisis, il y a quelques nuits, et sont encore enfermés, sans qu'on ait spécifié aucune charge contre eux.

Les grilles de la ville sont fermées; on ne permet à personne d'entrer ni de sortir sans un ordre de la municipalité, et on exige cet ordre même pour les habitants des faubourgs. Les fermiers et les paysans qui viennent à cheval sont obligés de faire noter sur leur passe-port les traits et la couleur de leur bête aussi bien que les leurs. Toute personne qu'on trouve convenable de désigner comme suspecte est privée de ses armes ; les maisons particulières sont envahies pendant la nuit, malgré une loi positive, sous prétexte de rechercher les prêtres réfractaires. — Ces règlements ne sont pas particuliers à ce département; ils peuvent vous donner une idée générale de ce qui se passe dans tous les coins de la France.

Je dois ajouter que les lettres sont ouvertes impunément, que la Convention crée à son gré d'immenses sommes d'assignats, qu'on n'exempte personne de monter la garde ; de plus, tout le monde est forcé de loger les troupes, et on a quelquefois huit ou dix hommes pendant plusieurs semaines.

Vous pouvez voir maintenant combien la liberté s'est accrue en France depuis la révolution, la déposition du roi et l'avénement d'une république. Quoique les Français subissent ce despotisme sans oser en murmurer ouvertement, on voit beaucoup de chuchotements mélancoliques et de petits mouvements d'épaules significatifs. Le mécontentement politique a même un langage approprié qui, quoique peu explicite, n'en est pas moins parfaitement compris. Ainsi, quand vous entendez un homme dire à un autre : « Ah ! mon Dieu ! on est bien malheureux dans ce moment-ci ! » — « Nous sommes dans une position très-critique ; » — ou : « Je voudrais bien voir la fin de tout cela ! — vous pouvez être sûr qu'il désire ardemment la restauration d'une monarchie et qu'il espère avec une égale ferveur vivre assez longtemps pour voir pendre la Convention. Cependant leur courage s'évapore en conversations ; ils avouent que leur pays est perdu, qu'ils sont gouvernés par des brigands ; puis ils rentrent chez eux et cachent tous leurs objets précieux qui sont encore exposés. Cela fait, ils reçoivent avec une complaisance obséquieuse la prochaine visite domiciliaire.

La masse du peuple, quoique aussi peu énergique, est plus obstinée et naturellement moins traitable. Mais quoiqu'ils murmurent et usent de délais, ils ne résistent pas, et tout se termine généralement par leur soumission implicite.

---

23 mars 1793.

Les députés-commissaires dont je vous ai parlé ont passé quelque temps à Amiens pour hâter la levée des recrues. Les dimanches et jours de fête, ils ordonnaient aux habitants de se rendre à la cathédrale, où ils les haranguaient en conséquence, les appelant à la vengeance contre les despotes coalisés, s'étendant sur l'amour de la gloire et sur le *plaisir* de mourir pour son pays. Pendant ces discours, le peuple, qui écoutait avec peu d'attention, s'amusait à regarder les peintures, ou discutait en petits comités sur la dureté de la situation qui le forçait à se battre malgré lui. Le temps se passait ainsi, les oraisons militaires ne produisaient aucun effet, les troupes ne se levaient pas, personne ne s'enrôlait volontairement, et tous refusaient de tirer au sort, disant sagement que le sort devait tomber sur quelqu'un.

Cependant, malgré cette objection, les choses ont été arrangées selon cette dernière méthode. La décision n'en fut pas plutôt prise qu'une autre difficulté s'éleva : ceux qui échappaient à la conscription reconnaissaient que ce moyen était le meilleur possible, mais ceux qui devaient marcher aux frontières refusaient de s'y rendre. De là une foule d'altercations, d'excuses, de recommandations, etc.

Enfin, après beaucoup de murmures, la présence des commissaires et de quelques dragons a fini par arranger les choses très-pacifiquement. Beaucoup sont partis, et, si les dragons restent, les derniers suivront bientôt.

Ceci est un compte rendu exact de l'état des choses entre la Convention et le peuple ; tout est effectué par la crainte, rien par l'attachement ; l'une n'est obéie que parce que l'autre n'a pas le courage de résister.

———

Rouen, 31 mars 1793.

Rouen, comme la plupart des grandes villes de France, est décidément aristocrate ; je veux dire que les riches sont mécontents, parce qu'ils n'ont pas de sécurité, et les pauvres, parce qu'ils n'ont pas de pain. Ces griefs ne sont pas particuliers aux endroits populeux ; ils existent également dans les plus petits villages ; la seule différence qui fasse accuser les premiers d'aristocratie, c'est qu'on ose y murmurer, tandis que, dans les autres, on se soumet en silence.

Le terme d'aristocrate a beaucoup varié dans sa signification. Il y a un an, on l'appliquait aux avocats des priviléges de la noblesse et aux partisans

de l'ancien gouvernement. A présent, un homme
est un aristocrate, lorsqu'il a précisément les principes qui, en ce temps-là, constituaient un patriote;
et je crois le calcul modéré, lorsqu'on vous dit que
les trois quarts de la nation sont aristocrates. Aristocrates les riches, parce qu'ils craignent la violation de leurs propriétés; aristocrates les marchands, parce qu'ils déplorent la stagnation du
commerce et se méfient du crédit des assignats;
aristocrates les petits détaillants, parce qu'on les
pille lorsqu'ils ne vendent pas meilleur marché
qu'ils n'achètent (et ces outrages sont plutôt en-
couragés que réprimés par l'autorité); et enfin, à
l'occasion, aristocrates les pauvres qui murmurent
de la cherté du pain et des levées en masse.

Outre cela, il y a aussi de nombreuses classes
d'aristocratie morale : il y a les gens humains qui
ont horreur des massacres et de l'oppression; il y
a ceux qui regrettent la perte de la liberté civile;
il y a les dévots qui tremblent en voyant insulter la
religion, les vaniteux qui sont mortifiés de la dé-
gradation nationale, les auteurs qui soupirent après
la liberté de la presse. — Le peuple lui-même,
qui observe plutôt qu'il ne raisonne, commence à
remarquer que la propriété compromet la sécurité
du possesseur et que la législature est moins inexorable quand le crime est improductif que lorsque
le jugement du criminel entraîne la confiscation
de grands biens. Un pauvre marchand se lamen-

tait hier devant moi d'avoir négligé une offre qu'on lui avait faite d'aller vivre en Angleterre. Comme je lui répondais que c'était fort heureux, car on l'aurait déclaré émigré, il me dit en riant : « Émigré, moi qui n'ai pas un sou ! » Et il disait cela en toute simplicité, sans vouloir manquer de respect à la Convention, parce qu'il avait réellement compris que la richesse des émigrés est la cause véritable de la sévérité des poursuites exercées contre eux.

. . . .

-----

7 avril 1793.

Nous avons appris il y a quelques jours la défection de Dumouriez. Il est à peu près certain que la Bretagne se révolte et que beaucoup de départements sont prêts à suivre cet exemple. Vous ne devineriez jamais à quoi s'est occupée la Convention pendant cette crise importante? A rien moins qu'à inventer un costume pour ses commissaires. Je ne sais quel effet ce nouveau vêtement pourra produire sur les rebelles ou les ennemis, mais j'avoue qu'il m'a paru plus ridicule que formidable, particulièrement quand le représentant a la forme et les traits de celui que nous possédons ici. Saladin, député de ce département et avocat de la

ville d'Amiens, s'est si bien investi de cette armure
de l'inviolabilité,

Une étrange figure en des habits étranges.

qu'on est tenté d'oublier, en le voyant, que Bara-
taria et le gouvernement de Sancho sont des œuvres de l'imagination. Imaginez-vous un petit
homme gras, au teint blême, aux yeux petits, avec
une ceinture blanche, rouge et bleue autour de sa
taille ; à travers ses épaules, un ceinturon noir
avec une épée suspendue, et sur sa tête, un chapeau rond relevé par devant avec trois plumes aux
couleurs nationales. Il nous harangue publiquement dans cet accoutrement, et exerce une autorité
plus despotique que la plupart des princes de l'Europe. Il est accompagné par un autre député qui,
avant la Révolution, était « père de l'Oratoire, »
c'est-à-dire dans une situation à peu près analogue à
celle de sous-maître dans nos écoles publiques ;
seulement, comme les séminaires auxquels ces
pères étaient attachés étaient fort nombreux, ceux
qui y étaient employés étaient peu considérés. Ils
portaient l'habit, étaient sujets aux mêmes règles
que le clergé, mais ils pouvaient quitter l'ordre et
se marier si cela leur convenait. Je vous décris
plus particulièrement cette classe d'hommes,
parce qu'ils se sont employés partout avec activité
et succès à égarer et à pervertir le peuple. Ils

font partie des clubs, des municipalités, de la Convention et de toutes les administrations électives, et, dans la plupart des cas, se sont fait remarquer par leur esprit séditieux et leur violence.

On peut assigner beaucoup de raisons pour expliquer l'influence et la conduite de ces hommes qui, à première vue, paraissent si éloignés de la politique. — Dans la première ardeur de la réforme, on a décidé que tous les anciens modes d'éducation seraient abolis; on allouait de petites pensions aux professeurs de collége, et on laissait à une décision ultérieure la question de savoir si on les admettrait à des fonctions analogues dans le nouveau système projeté. A partir de ce moment, beaucoup d'oratoriens débandés, sachant qu'il serait vain de résister à l'autorité populaire, cherchèrent à la partager, ou du moins tentèrent, en devenant partisans zélés de la révolution, d'établir leurs droits aux positions et aux émoluments qu'on substituerait aux leurs. Ils s'enrôlèrent parmi les jacobins, flattèrent la populace ; par leur talent de prononcer avec emphase des noms romains et de prendre des attitudes de rhéteurs, ils devinrent des associés importants et nécessaires pour les ignorants et les ambitieux.

Le peu de connaissances possédées généralement par la classe moyenne en France est une autre cause de leur importance comparative, leur profession les ayant, sous ce rapport, élevés un peu

au-dessus du niveau ordinaire. Les gens de condition, ceux qui ont reçu une éducation libérale, ont
malheureusement abandonné les affaires publiques depuis quelque temps. De sorte que l'incapa-
cité des uns, l'orgueil ou le découragement des
autres, ont abandonné la conduite de la nation aux
pédants, aux incendiaires et aux aventuriers.

L'inquisition commence à devenir très-sévère ;
j'ai cru nécessaire aujourd'hui d'enterrer une tra-
duction de Burke...

————

20 avril 1793.

Avant ces jours bénis de liberté, Paris ne faisait
guère sentir sa suprématie à la province qu'en dic-
tant une mode nouvelle, un progrès dans l'art cu-
linaire ou l'invention d'un menuet. A présent, notre
imitation de la capitale est quelque peu plus sérieuse, et, si notre obéissance n'est pas aussi volontaire, elle est beaucoup plus implicite. Seulement,
au lieu d'emprunter les modes aux dames de la
cour, nous les recevons des dames de la halle ou
des municipalités. Ainsi il a été décrété dernièrement que chaque maison de la république inscri-
rait à l'extérieur de sa porte, en caractères lisibles,
le nom, l'âge, le lieu de naissance et la profession

de ses habitants. Les plus pauvres paysans, ceux qui sont trop vieux ou trop jeunes pour agir, les femmes non mariées elles-mêmes, sont tenus de donner ainsi aux passants un abrégé de leur histoire. Le parti régnant juge très-sagement que tous ceux qui ne sont pas déjà ses ennemis peuvent le devenir, que tous ceux qui ne peuvent pas lutter eux-mêmes peuvent y exciter les autres. Mais, quelle que soit l'intention qui dicte cette mesure, on ne peut rien concevoir de plus favorable à un gouvernement arbitraire. Elle place chaque individu de la république à la portée immédiate des espions et des délateurs. Elle désigne ceux qui sont d'âge à servir dans l'armée, ceux qui ont cherché un refuge dans un département contre la persécution d'un autre ; enfin elle rend la fuite impossible pour tous ceux qui sont dénoncés par le soupçon politique ou la malice privée.

Nous avons reçu deux visites domiciliaires depuis quinze jours ; l'une pour rechercher des armes, l'autre sous prétexte de voir quelle quantité de troupes chaque maison particulière pouvait contenir. Mais ceci n'était qu'un prétexte ; les municipalités envoient les troupes où bon leur semble, sans considérer si vous avez de la place ou non. L'objet réel de cette inquisition était d'observer si les habitants répondaient bien aux listes placées aux portes. Madame D... était malade au lit ; mais une semblable circonstance n'a pas empêché ces galants républicains d'entrer dans sa chambre avec une force armée, et de supputer combien de soldats pourraient loger dans la chambre à coucher d'une femme malade. .

---

20 avril 1793.

Chacun obéit à la *lettre* des décrets avec toute la promptitude de la crainte ; mais l'*esprit* des décrets est éludé avec une habileté pleine de haine. Les riches, qui ne peuvent pas se corriger d'un reste de hauteur, montrent une complaisance maussade en plaçant leur très-petit papier, écrit très-fin, aussi haut que la loi le permet. D'autres le mettent de façon à ce qu'il soit à moitié couvert par la persienne, ou l'attachent avec des pains à cacheter, afin que le vent, en détachant un ou deux coins, rende impossible de lire le reste. Beaucoup de gens qui ont des passages ou des cours dans leurs maisons collent leurs noms sur la partie de la grille qu'ils laissent ouverte, de façon qu'ils ne soient lus que par ceux qui entrent. Mais les personnes les plus effrayées ou les plus aristocrates ajoutent à leur registre : « Tous bons Républicains ! » ou « Vive la République une et indivisible ! » Quelques-uns même qui sont dans les fonctions publiques, ou les boutiquiers timides qui ont peur du pillage, ou encore les gens mûrs pour la contre-révolution, ont une feuille grande comme la moitié de leur porte, décorée de bonnets rouges, de rubans tricolores et de sentences enflammées finissant par : « la Liberté ou la Mort ! »...

Cent vingt prêtres non assermentés, au-dessus de soixante ans, à qui on avait permis de rester tandis qu'on bannissait les hommes plus jeunes, ont été arrêtés dernièrement et enfermés dans un ancien collège. Le peuple n'a pas vu cet acte de cruauté avec indifférence ; mais, terrifié par la force armée et par la présence des commissaires de la Convention, il n'a pu que suivre les prêtres à leur prison, plein de regrets silencieux et d'horreur intérieure. On s'aventure même à leur montrer de l'attachement, soit en saisissant toutes les occasions de les voir, soit en leur procurant tout ce qui leur est nécessaire, et cela n'est pas très-difficile, car ils sont gardés par des bourgeois qui, ordinairement, sont enclins à les favoriser. Je demandais aujourd'hui à une femme si elle pouvait avoir accès auprès des prêtres, et elle répondit : « Oh ! oui, il y a encore de la facilité, parce qu'on ne trouve point ici de gardes qui ne soient pas pour eux. » Ainsi on peut éluder même la tyrannie la plus sévère et la mieux organisée. — Vraiment, si tous les agents de ce gouvernement agissaient selon l'esprit de ses décrets, il deviendrait insupportable, même pour un naturel de la Turquie ou du Japon; mais, bien que plusieurs aient encore un reste d'humanité, d'autres, en nombre suffisant, exécutent les lois avec autant d'insensibilité qu'elles sont conçues.

Voici des extraits d'une lettre que je viens de recevoir de madame de B...; ils vous donneront un assez bon spécimen de la liberté française :

———

Maison d'arrêt de.....

« Lundi dernier, vers deux heures du matin, nos domestiques furent appelés du dehors, et lorsqu'ils ouvrirent la porte, la maison se remplit immédiatement d'hommes armés. Les uns commencèrent leurs recherches dans toutes les chambres, tandis que les autres venaient dans notre chambre à coucher nous informer que nous étions arrêtés par ordre du département, et qu'il fallait nous lever et les accompagner à la prison. Il n'est pas aisé de décrire l'effet d'un pareil mandat sur des gens qui, n'ayant rien à se reprocher, n'y sont nullement préparés. Quand nous avons été un peu remis de notre première frayeur, nous nous sommes mis en mesure d'obéir, et nous les avons priés de vouloir bien se retirer quelques moments pendant que je mettais mes vêtements. Mais, ni mon embarras, ni les cris de l'enfant, ni la décence, ni l'humanité ne purent les convaincre. Ils ne voulurent même pas permettre à ma femme de chambre d'entrer auprès de moi, et c'est au milieu de cette scène de désordre que je dus m'habiller, ainsi que l'enfant terrifié. Lorsque cette tâche désagréable fut terminée, ils commencèrent l'examen de la maison et de nos papiers, ce qui dura jusqu'à six heures du soir. Quoiqu'on n'ait rien trouvé qui pût nous incriminer en aucune façon, nous fûmes cependant conduits en prison, et Dieu sait combien de temps nous y resterons. L'accusation portée contre nous est secrète; nous ne pouvons connaître ni notre crime ni les accusateurs. Il nous est donc difficile de prendre des mesures pour obtenir notre élargissement. Nous ne pouvons pas nous défendre contre un reproche que nous ignorons, ni combattre la validité d'un témoin qui, non-seulement peut rester inconnu, mais est peut-être payé pour sa délation [1].

« Nous devons probablement notre malheur à quelque ennemi personnel ou à un domestique renvoyé; vous êtes convaincue d'avance que nous ne l'avons mérité ni par nos discours ni par nos actions. S'il en était autrement, l'accusation serait

[1] En ce temps-là les délateurs étaient payés de 50 à 100 livres pour chaque accusation.

spécifiée; mais nous avons des raisons de croire qu'elle consiste dans le reproche vague et indéterminé d'être aristocrates.

« Un de nos compagnons est un prêtre non assermenté, emprisonné dans des circonstances qui me font presque rougir de mon pays. Après s'être échappé d'un département voisin, il se procura un logement dans cette ville ; il y vécut quelque temps très-paisiblement, jusqu'à ce qu'une femme qui soupçonnait sa profession commença à lui demander avec importunité de la confesser. Le pauvre homme refusa pendant plusieurs jours, lui disant qu'il ne se considérait pas comme un prêtre, qu'il ne souhaitait pas être connu pour tel, ni enfreindre la loi qui l'excluait. La femme continua à le persécuter, alléguant la détresse de sa conscience, qui ne serait en repos que lorsqu'elle aurait pu se confesser de *la bonne manière*. A la fin, il se laissa convaincre. La femme reçut cent livres pour le dénoncer, et peut-être sera-t-il condamné à la guillotine[1]. »

———

18 mai 1793.

La Convention a décrété, il y a environ six semaines, que tous les étrangers qui n'ont pas acheté

———
[1] Il fut exécuté peu de temps après.

de biens nationaux ou n'exercent aucune profession devront donner, comme sécurité, la moitié de leur fortune supposée ; à cette condition, ils recevront un certificat leur permettant de résider en France, et on leur promet la protection des lois... Un caractère essentiel de cette mesure est qu'il faut produire six personnes qui témoignent de votre *civisme*. Mais le peuple prend si peu d'intérêt à ces règlements que nos témoins en cette occasion étaient des voisins que nous connaissions à peine de vue, et même l'un d'eux était un homme qui passait par hasard dans le pays. Les comités qui font exécuter le décret sont le dernier anneau d'une chaîne de despotismes ; ils se composent de journaliers et de boutiquiers de la plus basse espèce, ayant à leur tête, comme président, un procureur ou quelque autre personne sachant lire et écrire. Les prêtres et les nobles, ainsi que leurs tenants et aboutissants, en sont exclus par la loi, et il est entendu que les vrais sans-culottes doivent seuls y être admis.

Malgré toutes ces précautions, l'indifférence ou la haine des gens contre leur gouvernement sont si générales, qu'il y a, je crois, peu d'endroits où ces décrets soient exécutés de façon à répondre aux intentions de la tyrannie jalouse qui les a conçus. Les membres de ces comités ne paraissent exiger que les actes de soumission absolument nécessaires pour la forme. Ils ne songent qu'à se mettre à couvert de l'accusation de désobéissance; ils s'inquiètent fort peu de savoir si le dessein réel du législateur est accompli. Que penseriez-vous en Angleterre si vous étiez forcés de regarder comme des objets de terreur les trois branches de votre législature et de ne compter que sur les soldats et les constables pour la protection de vos personnes et de vos propriétés? Voilà cependant à peu près l'état où nous sommes.

.   .   .   .

Tous les journaux français sont remplis des descriptions de l'enthousiasme avec lequel les jeunes gens s'élancent aux armes à la voix de leur patrie. Cet enthousiasme est d'une nature bien subtile et aérienne, car il est perceptible seulement pour ceux qui sont intéressés à le découvrir. Dans quelques villes, les guerriers *enthousiastes* continuent à se cacher; dans d'autres, ils sont escortés jusqu'à destination par un nombre presque égal de dragons, et je crois que pas un de ceux qui ont assez d'argent pour payer un remplaçant n'est disposé à partir lui-même. Ceci est prouvé suffisamment par les sommes demandées par les remplaçants : l'année dernière, on leur donnait de 300 à 500 francs ; à présent, ils ne veulent pas moins de 800 à 1,000 livres, sans compter les vêtements, etc. Les seuls réellement *volontaires* sont les fils d'aristocrates dont les parents ont émigré ; ils sacrifient leurs principes à leurs craintes, et espèrent, en s'enrôlant dans l'armée, protéger leurs propriétés et leurs familles. Il en est de même pour ceux qui occupent des emplois lucratifs et craignent de les perdre; ils affectent un grand zèle et croient obtenir l'impunité pour leurs péculats par les services militaires que rendent leurs enfants.

Tel est l'état réel de cet enthousiasme qui entraîne nos gazetiers à tant de frais d'éloquence. Mais personne ici n'est assez hardi pour contredire ce que les souverains veulent faire croire; une ville ou un district, poussés presque à la révolte par le système actuel de recrutement, se laissent volontiers représenter comme marchant à la frontière pleins d'une ardeur martiale et brûlant de combattre « les esclaves des tyrans. » Ces artifices trompent un département sur les dispositions d'un autre et, s'ils n'excitent pas l'émulation, ils répriment les gens au moins par la crainte. Beaucoup sont ainsi réduits à la soumission qui, probablement, résisteraient, s'ils ne doutaient pas de l'appui et de l'union de leurs voisins. On prend toutes les précautions possibles pour prévenir une entente entre les différents départements : les gens qui ne sont pas connus ne peuvent obtenir de passe-ports qu'avec la recommandation de deux logeurs; vous devez rendre compte de l'affaire pour laquelle vous voyagez, de la voiture dont vous comptez vous servir, si elle a deux ou quatre roues; tout cela doit être spécifié dans le passe-port, et vous ne pouvez envoyer votre bagage d'une ville à l'autre qu'au risque de le voir fouiller. Toutes ces choses sont si répugnantes et si ennuyeuses que je commence à être d'une opinion tout à fait différente de celle de Brutus. J'aimerais certainement mieux être esclave chez un peuple libre que d'être ainsi tourmenté avec le sentiment que je suis une libre fille d'Albion dans un pays d'esclavage. Quelle que soit la liberté acquise par les Français à leur dernière révolution, elle ressemble beaucoup à présent aux bas de laine de sir John Cutler : si déchirée, si usée, si déguisée par les pièces et le raccommodage qu'on ne peut plus découvrir le tissu original...

3 juin 1793.

Nous sommes depuis trois jours sans journaux; mais nous apprenons par le bruit public que les brissotins sont renversés, que beaucoup d'entre eux ont été arrêtés et que plusieurs se sont échappés pour soulever des adhérents dans les départements. Je doute que leur succès soit très-général; le peuple ne sait guère distinguer entre Brissot et Marat, Condorcet et Robespierre; les gens s'inquiètent peu des noms et même des principes de leurs gouvernants. Ils ne sont pas encore habitués à prendre aux événements publics cet intérêt vif qui est l'effet d'une constitution populaire.

En Angleterre, chaque chose est un sujet de débats ou de contestation ; ici on attend en silence le résultat d'une mesure politique ou d'une dispute de partis, et, sans entrer dans les mérites de la cause, on adopte ce qui réussit. Le grand objet de la sollicitude présente est plutôt l'existence physique que l'existence politique ; les provisions sont devenues extrêmement chères et le pain est très-rare ; nos domestiques attendent souvent deux heures chez le boulanger et reviennent encore sans pain pour le déjeuner. J'espère pourtant que cette disette est plus artificielle que réelle ; on suppose généralement qu'elle est causée par la répugnance des fermiers à vendre leur blé pour du papier-monnaie. Quelques mesures ont été prises dans l'intention de remédier au mal, mais son origine est hors de la portée des décrets. Il vient de cette grande méfiance qu'inspire le gouvernement, et il conduit la moitié de la nation à affamer l'autre par instinct de conservation. Tant que les individus persisteront à établir comme une maxime que *n'importe quoi* vaut mieux que les assignats, nous devons nous attendre à ce que tout soit difficile à se procurer et d'un prix très-élevé. Je crains bien que l'empirisme des législateurs ne puisse pas guérir la nation de ce manque de foi. Les dragons et les lois pénales peuvent faire languir quelque temps le malade, mais la maladie est incurable.

Mes amis, monsieur et madame de B..., pour se consoler de leur emprisonnement, se trouvent portés sur la liste des émigrés, quoiqu'ils ne se soient pas absentés un seul jour de leur propre province ou des localités où ils sont bien connus. Mais ils ne peuvent pas se plaindre de cette injustice ; car la municipalité a inscrit auprès d'eux des gens qui n'ont pas quitté la ville, et entre autres un gentilhomme qu'on a pu voir, je crois, tous les jours sur les remparts pendant les sept dernières années. Ceci peut vous paraître seulement absurde, et vous vous imaginez qu'on obvie aisément aux conséquences d'une pareille erreur ; mais ces erreurs sont l'effet de haines privées et assujettissent les personnes qui en sont victimes à une foule de dépenses et d'ennuis. Elles sont obligées, pour éviter la confiscation de leurs biens, de paraître dans toutes les parties de la république où elles ont des propriétés, avec des attestations de leur constante résidence en France, et souffrent souvent mille mortifications par l'ignorance et la brutalité des gens auxquels il faut s'adresser. Il n'y a aucun recours contre les auteurs de ces vexations, et la victime, si elle est prudente, craint même de se plaindre...

———

20 juin 1793.

La défiance contre les assignats et la rareté du pain ont fait promulguer une loi qui oblige les fermiers, sur tous les points de la république, à vendre leur blé à un certain prix, infiniment au-dessous de celui qu'ils exigeaient depuis quelques mois. La conséquence fut qu'aux marchés suivants il n'y eut aucun arrivage de blés, et maintenant les dragons sont forcés de courir la contrée pour nous préserver de la famine. Si cela ne donnait une si triste idée du despotisme et de la misère qui affligent le pays, on serait bien diverti par les figures ridicules des fermiers qui entrent dans la ville précédés par les soldats et s'asseyent avec des visages mélancoliques sur leurs sacs de grain. Quelquefois on voit deux dragons menant en triomphe une vieille femme et un âne qui suivent à regret leurs conducteurs militaires. L'âne lui-même semble sympathiser avec sa maîtresse et sentir combien il est désastreux de vendre son blé à prix réduit et contre du papier, au lieu d'attendre, comme ses maîtres l'espéraient, que la contre-révolution ramène l'or et l'argent...

Environ quinze départements sont en insurrec-tion ; ostensiblement, c'est à cause de l'expulsion des députés ; mais je crois pouvoir dire que le désir du peuple en général n'est nullement d'intervenir. Tous ceux qui sont capables de réflexion considèrent cette dispute comme une simple querelle de famille, et personne n'aime assez aucun des partis pour adopter sa cause. A Amiens, où presque tout le monde est aristocrate, les députés réfugiés n'ont pas reçu le moindre encouragement, tandis que la ville aurait reçu Dumouriez et proclamé le roi sans opposition. Ce schisme dans la législature est considéré comme une contestation de bandits pour le partage des dépouilles ; il n'excite en aucune façon l'intérêt de ceux qui sont pillés et opprimés...

Amiens, 30 juin 1793.

Ici le peuple continue à murmurer en secret et à se soumettre en public ; on attend tout de l'énergie des autres ; on n'en a pas soi-même ; on accumule dans son cœur les mécontentements qu'on est obligé de cacher. La Convention appelle les gens d'ici les « braves républicains » d'Amiens ; mais, si leur bravoure était aussi peu équivoque que leur aristocratie, ils seraient bientôt aux portes de Paris. Les premières levées ne sont pas encore toutes parties à la frontière que quelques-uns de ceux qu'on est parvenu à y envoyer sont déjà de retour. Toutes les choses nécessaires à la vie sont augmentées de prix : le peuple se plaint, pille un jour les boutiques et les marchés, et manque de tout le lendemain...

Amiens, 5 juillet 1795.

La constitution jacobine est maintenant terminée, et, autant que j'en puis juger, elle est ce qu'on pouvait attendre d'une pareille origine. Elle est calculée pour flatter le peuple d'une souveraineté imaginaire ; elle place la totalité du pouvoir électif dans les mains de ceux qui sont les plus aisés à fourvoyer ; elle exclut de la représentation nationale ceux qui ont un intérêt naturel au bien-être du pays ; enfin, elle établit le règne de l'anarchie et de l'intrigue. Cependant, quelle que soit l'aversion d'un grand nombre de Français pour une semblable constitution, aucune ville, aucun district n'a osé la rejeter. Je remarque que, parmi les villes qui ont été les premières à envoyer leur acceptation, beaucoup sont notoirement aristocrates. J'ai demandé à quelques habitants de ces villes si zélées par suite de quel principe ils agissaient d'une façon si opposée à leur sentiment

bien connu ; la réponse est toujours qu'ils craignent
la vengeance des jacobins et qu'ils sont terrifiés
par la force militaire. Ce raisonnement est naturellement sans réplique, et nous apprenons par
les débats de la Convention que le peuple a reçu
la nouvelle constitution avec la plus vive reconnaissance, et que tous ont juré de mourir pour sa
défense.

14 juillet 1793.

Cet anniversaire ne peut que suggérer des réflexions bien mélancoliques à tous ceux qui ont
été témoins du changement qui s'est produit dans
cette seule année. Dans ces douze mois, le gou-
gouvernement de la France a été renversé, son
commerce est détruit, les campagnes sont dépeu-
plées par la conscription, le peuple est privé du
pain qui le faisait vivre. On a établi un despotisme
plus absolu que celui de la Turquie, les mœurs de
la nation sont corrompues, son caractère moral est
flétri aux yeux de toute l'Europe. Une rage de
barbares a dévasté les plus beaux monuments de
l'art ; tout ce qui embellit la société ou contribue à
adoucir l'existence a disparu sous le règne de ces
Goths modernes. Même les choses nécessaires à la
vie deviennent rares et insuffisantes pour la con-

sommation ; le riche est pillé et persécuté, et cependant le pauvre manque de tout. Le crédit national est arrivé au dernier degré d'abaissement, et
cependant on crée une dette immense qui s'accroît
tous les jours ; enfin l'appréhension, la méfiance
et la misère sont presque universelles. Tout ceci
est l'œuvre d'une bande d'aventuriers qui sont
maintenant divisés contre eux-mêmes, qui s'accu-
sent les uns les autres des crimes que le monde
leur impute à tous, et qui, sentant qu'ils ne peuvent plus longtemps tromper la nation, gouvernent
avec des craintes et des soupçons de tyrans.
Tout est sacrifié à l'armée et à Paris ; on vole aux
gens leur subsistance pour subvenir aux besoins
d'une métropole inique et d'une force militaire qui
les opprime et les terrorise...

Tous les points de la France sont infestés par
des commissaires qui disposent sans appel de la
liberté et de la propriété de tout le département
où ils sont envoyés. Il arrive souvent que ces hommes sont délégués dans des villes où ils ont déjà
résidé ; ils ont ainsi une opportunité de satisfaire
leur haine personnelle contre tous ceux qui sont
assez malheureux pour leur avoir déplu. Imaginez-
vous un procureur de village agissant avec une
autorité sans contrôle dans le pays où il a autrefois
exercé sa profession, et vous aurez une idée de ce
qui se passe ici... Nous avons maintenant comme
commissaires Chabot, un ex-capucin qui est re-

nommé comme patriote dans la Convention, et un procureur d'un village voisin, nommé Dumont. On leur a confié, comme au reste de ces missionnaires, des pouvoirs illimités, et ils remplissent d'appréhension et de désespoir les lieux dont ils approchent. La garde nationale d'Amiens n'étant pas entièrement subjuguée par les opinions régnantes, Chabot a laissé soupçonner le projet de la désarmer et a tenté de faire arrêter quelques officiers. Mais, son dessein ayant transpiré, la garde a passé deux nuits sous les armes, et Chabot, dont les inclinations sont peu martiales, a été si alarmé de cette indication de résistance, qu'il a quitté la ville avec plus de hâte que de cérémonie. — Dans une harangue à la cathédrale, il avait inculqué quelques doctrines très-édifiantes sur la division de la propriété et le droit au pillage, et il est probable que, s'il ne s'était pas retiré, les Amiénois se seraient aventurés jusqu'à l'arrêter sous ce prétexte...

Péronne, 20 juillet 1793.

Je crains que vous ne doutiez de ma véracité lorsque je décris l'extrême ignorance et l'inattention des Français pour tout ce qui regarde les

hommes publics et les mesures politiques. Ils ne
tirent aucune conclusion du passé, ne forment
aucune conjecture pour l'avenir. Ils s'écrient :
« Cela ne peut pas durer comme cela ! » et ils
laissent le reste à la conduite de la Providence avec
une résignation qui n'est certainement ni pieuse,
ni philosophique. Même ceux qui sont le mieux
renseignés s'égarent tellement dans la politique
de Rome et de la Grèce, qu'ils ne voient pas combien elle est peu applicable à leur propre pays. Il
semble vraiment qu'à aucune époque, aucun peuple
moderne ne soit digne de l'attention d'un Français.
J'ai remarqué souvent, dans le cours de notre correspondance, combien ils connaissent peu l'Angleterre et les Anglais. Il ne se passe pas de jour où
je n'aie occasion de faire cette observation. . . .

Je me suis trouvée dans différentes parties de la
France pendant les périodes les plus critiques de
la révolution, j'ai conversé avec des hommes de
tous les partis et de tous les rangs, et j'affirme que
je n'ai encore rencontré qu'un homme qui ait un
grain de réel patriotisme. Si la loi athénienne, qui
condamnait à mort tous ceux qui étaient indifférents au bien public dans un moment de danger
était adoptée ici, je craindrais fort qu'il n'y eût
une terrible dépopulation, même parmi les plus
bruyants champions de la démocratie[1].

[1] Je viens de lire la plupart des mémoires et documents originaux sur la révolution française, et je pense qu'ici le jugement

Il n'y a pas trente milles d'Amiens à Péronne, et cependant c'est un voyage qu'on ne peut pas entreprendre inconsidérément. Les chevaux sont si surmenés, si mal nourris, qu'un petit nombre pourrait faire ce trajet sans repos ni ménagement. Si vous souhaitez en prendre d'autres pour continuer votre route, vous ne pouvez pas en trouver, et si vous attendez que votre attelage soit reposé, vous mourez de faim vous-même en récompense de votre humanité. Le pain est si rare qu'aucune famille n'en a plus que pour sa stricte consommation, et les voyageurs, qui ne s'en sont pas munis avant de partir, risquent fort de n'en pas trouver un seul morceau sur la route...

———

1ᵉʳ août 1793.

Depuis un an, le pays tout entier est devenu accapareur. Le désir de réaliser possède toutes les

de l'auteur est injuste. En dehors des sectaires qui aimaient surtout leur système, beaucoup de Français aimaient passionnément la France, et l'ont prouvé par leurs sacrifices, leur zèle et leur courage. La vérité est que l'*esprit public* ne se montre pas chez nous sous la même forme qu'en Angleterre et aux États-Unis, par l'étude froide et sérieuse des affaires publiques, par l'action locale et journalière, par l'association multipliée, efficace et pratique. On bavarde en phrases générales et vagues, on laisse prendre son argent au percepteur, on marche à la frontière, et on se fait tuer. (Note du traducteur).

classes de la société, et il y a à peine un article de consommation qui ne soit acheté en secret et caché...

Toute marque apparente d'attachement au royalisme est évitée avec soin ; mais les royalistes ne diminuent point par la persécution ; l'habileté avec laquelle ils propagent leur opinion peut presque tenir tête à la force armée des républicains. Il leur est difficile d'imprimer des pamphlets ou des journaux, mais il y a certaines boutiques qu'ils découvrent comme par instinct, et où l'on vend tout un assortiment d'emblèmes mystérieux de la royauté : par exemple des éventails, sans autre ornement visible que des paysages, mais où l'on découvre, quand ils sont ouverts par les initiés, des portraits assez ressemblants de la famille royale ; des tabatières à double fond contenant des bustes en miniature du feu roi ; de la musique ingénieusement imprimée, ne présentant aux yeux du vulgaire qu'un air populaire, mais qui, pliée de façon à joindre ensemble les têtes et les queues des notes, forme des phrases anti-républicaines et nullement flatteuses pour le gouvernement actuel. J'ai vu des objets de ce genre qui ont été achetés à des prix extravagants par les patriotes les plus renommés et par des officiers qui, en public, ne respirent que la haine des rois et la démocratie la plus indomptable.

———

Soissons, 4 août 1793.

Nous avons quitté Péronne hier matin; madame de F..., se rappelant qu'une de ses connaissances avait un château près de notre route, se décida à s'y arrêter une heure ou deux ; car, disait-elle, son ami « aimait tant la campagne, » qu'elle était sûre de l'y trouver. Nous avons en effet trouvé chez lui ce monsieur qui aime tant la campagne, très-bien poudré, en habit de soie rayée, en train de faire une partie de cartes, et cela par une belle journée d'août. Le château, comme presque tous ceux de France, est situé de façon à bénéficier de tous les bruits et de toutes les odeurs du village ; il a une seule grande façade avec des fenêtres si judicieusement placées, qu'il doit y être impossible d'avoir frais en été et chaud en hiver.

Nous nous sommes promenés après avoir pris le café, et j'ai appris alors que cet amoureux des champs ne gardait pas pour lui un seul acre de terre ; la partie immédiatement contiguë à la maison est cultivée, moyennant une certaine part dans les profits, par un fermier. Celui-ci vit à côté dans une misérable chaumière. J'ai vu la laitière opérer au milieu de cochons, de canards et de dindons qui paraissaient y avoir un accès familier...

Je viens de parcourir les journaux du jour : je vois que les débats de la Convention sont pleins d'invectives contre les Anglais. On a trouvé très à point sur les remparts de Lille une lettre qui tend à persuader au peuple que le gouvernement anglais a distribué de l'argent et des allumettes phosphoriques dans toutes les villes de France, l'argent pour provoquer l'insurrection, les allumettes pour mettre le feu aux grains. La fabrication de cette lettre est imaginée et exécutée avec si peu d'habileté que je doute qu'elle trompe, un seul instant même, les plus ignorants...

En Angleterre, vous avez les journaux de l'opposition qui suppléent largement aux omissions des gazettes ministérielles, et qui souvent appuient avec complaisance sur les pertes et les défaites de leur pays. Ici personne n'ose publier les derniers événements lorsqu'on suppose que le gouvernement souhaite les cacher. On me dit qu'un des principaux caractères du gouvernement républicain est d'être extrêmement jaloux de la liberté de la presse, et celui de la France à cet égard est franchement républicain...

Vous vous rappelez qu'il y a trois ans mes lettres de France étaient remplies du récit de nos retards et de nos embarras, dus à la frayeur et à l'ignorance du peuple. Dans un endroit, ils craignaient l'introduction de troupes étrangères; dans un autre, que le comte d'Artois ne vînt brûler tous les grains. En un mot, le pays tout entier n'engendrait que conspirations et contre-conspirations, chacune

d'elles plus absurde et inexplicable que celle de
Titus Oates et de sa bande de jésuites. A présent,
une armée formidable envahit la frontière et l'on
ne paraît pas s'en douter ; le peuple n'a pas de pain
à manger et il ne paraît pas disposé à en accuser les
aristocrates.

———

Péronne, août 1793

J'ai trouvé, en revenant de Soissons, un décret
qui ordonne l'arrestation de tous les étrangers dont
le pays est en guerre avec la France... En effet,
un soir, comme je me préparais à me coucher, ma
femme de chambre entra précipitamment dans ma
chambre et, avant qu'elle pût me donner aucune
explication, l'appartement se remplit d'hommes
armés. J'appris bientôt que cette visite hors de
saison et tout cet appareil militaire avaient pour
but de mettre les scellés sur mes papiers et de
m'emmener à l'hôtel de ville. Je savais qu'il était
inutile de résister ; je fis un effort pour me soumettre et recouvrer mes esprits. Cependant l'opération n'était pas encore terminée. Lorsqu'il s'agit
de mettre les scellés, personne de la compagnie
n'avait fait cette besogne auparavant. On débattit
la manière dont cela devait être fait, et, après une
discussion tumultueuse, on décida de sceller toutes

les portes et les fenêtres de mon appartement, puis, comme ils n'avaient pas de sceau, il fallut une nouvelle consultation pour décider si on pouvait se servir d'un cachet présenté par un garde national.

Cette importante question une fois décidée, on commença à fermer toutes les chambres appropriées à mon usage. Je répétai que je n'étais qu'une invitée de madame de..., que le mandat de saisir mes papiers et ma personne n'était pas l'ordre de rendre inutile une partie de sa maison. Mais on ne raisonne pas avec l'ignorance et une vingtaine de baïonnettes ; je n'ai pas même pu obtenir la permission de prendre un peu de linge dans mes tiroirs. En sortant, je trouvai la cour et les avenues amplement gardées, et j'arrivai à l'hôtel de ville, vers onze heures, avec madame de... et cette nombreuse escorte. Je ne sais quelle résistance ils attendaient d'une femme seule ; mais, à en juger par leurs précautions, ils ont dû considérer l'aventure comme très-périlleuse. La grande salle de l'hôtel de ville était comble ; un jeune homme avec des vêtements souillés, du linge sale, l'air d'un polisson et la contenance d'un assassin, discourait avec une grande véhémence contre les Anglais, qui étaient tous, particulièrement les femmes, des agents de Pitt, envoyés pour brûler les récoltes et corrompre les garnisons des villes fortes. Le peuple entendait dévoiler ces projets terribles avec une sorte de surprise stupide et semblait ou très-insouciant ou très-incrédule. A la fin de la harangue, je fus présentée à l'orateur de mauvaise mine et j'appris que c'était un représentant du peuple. Il était aisé de voir que j'étais tout à fait accablée et que je pouvais à peine me soutenir ; mais je n'en fus pas moins traitée avec cette brutalité inconsidérée qui est l'effet ordinaire du pouvoir sur les esprits étroits et vulgaires. Après avoir subi une série de questions impertinentes, de menaces d'emprisonnement et d'invectives contre mon pays, je produisis quelques amis de madame de..., qui voulurent bien répondre pour moi, et je fus relâchée...

———

Péronne, août 1793.

Hier on a levé les scellés et on a pris mes papiers... Les commissaires, nommés exprès, étaient fort embarrassés de savoir si les livres et la musique devaient être considérés comme papiers ; ils voulaient brûler une *Histoire de France*, parce qu'ils avaient découvert sur la première page qu'il y était question de « rois. » Ils ont regardé avec un grand zèle jusqu'au fond des cruches à eau et des pots de fleurs, mais ils n'ont pas regardé dans mon grand portefeuille, dont ils ignoraient l'usage ; mon domestique a sauvé quelques lettres pendant que

7

je les amusais à regarder une mouche au micro-
scope. La partie la plus difficile de cette importante
affaire a été le compte rendu écrit. Un seul savait
écrire ; il n'y a donc pas eu de discussion pour le
choix du secrétaire, mais la rédaction a été fort
discutée. Je n'ai pas vu la composition, mais j'ai
entendu constater « comme quoi » ils avaient trouvé
les sceaux intacts, « comme quoi » ils les avaient
levés, et beaucoup de « comme quoi » de la même
espèce. Ils ont ensuite déposé mes papiers dans
une boîte et m'ont laissée en possession de mon
appartement[1]...

Un orateur nommé Henriot a découvert ces jours-
ci que l'histoire de la Grèce et de Rome est inutile aux Français, non pas parce que leur situation
politique et leur caractère moral diffèrent de ceux
des Grecs et des Romains, mais parce que, les
Français étant supérieurs à tous les peuples qui
ont existé, on doit les citer comme modèle au lieu

---

[1] On lit dans une proclamation du citoyen Dumont, représentant
à Abbeville : « Citoyens, je suis venu ici pour fraterniser avec
vous et vous aider à vous débarrasser des étrangers et des mécontents qui tentent de détruire la République par les manœuvres
les plus infernales. On a tramé un horrible complot : nos récoltes
doivent être incendiées à l'aide d'allumettes phosphoriques, et tous
les patriotes seront assassinés. Les femmes, les prêtres et les étrangers sont les instruments employés par les despotes coalisés et
par l'Angleterre surtout, pour accomplir ce dessein criminel. La
loi du 1er du mois ordonne l'arrestation de tous les étrangers nés
dans un pays en guerre avec la république et non établis en
France avant le mois de juillet 1789. En application de cette loi,
j'ai requis les visites domiciliaires... »

de les réduire à l'état de copie. « Ainsi, ajoute ce sage jacobin qui, du reste, est très-populaire, brûlons toutes les bibliothèques et toutes les antiquités, et n'ayons d'autre guide que nous-mêmes. Coupons les têtes des députés qui ne votent pas selon nos principes, bannissons et emprisonnons la noblesse et le clergé, guillotinons la reine et le général Custine. »

Tels sont les sujets ordinaires de discussion dans les clubs, et la Convention elle-même n'est pas beaucoup plus décente. Je tremble quand je me souviens que je suis dans un pays où un membre de la législature propose une récompense pour l'assassinat, et où le président d'une société qui prétend instruire et éclairer le peuple demande qu'on détruise tous les livres. Les Français sont à la veille de montrer le singulier spectacle d'une nation éclairée par la science, accoutumée aux bienfaits des lois et aux jouissances des arts, qui devient soudain barbare par système et ignorante par choix...

Péronne, 24 août 1793.

Les assignats sont tombés dans un tel discrédit qu'on donne jusqu'à 130 livres pour un louis d'or; et, comme si cela n'était pas une conséquence naturelle de l'état des choses, une correspondance entre deux Anglais nous informe que c'est l'œuvre de M. Pitt. Avec une adresse sans pareille, il a réussi à envoyer dans toutes les villes de France des courriers qui se sont concertés à cet effet avec les banquiers. Mais, si nous en croyons Barère, cette atroce politique ne restera pas sans vengeance. Une autre lettre interceptée assure que cent mille hommes ont pris les armes en Angleterre et marchent contre leur métropole, injuste abri d'un ministre indigne.

J'ai eu une longue conversation ce matin avec deux hommes que Dumont a laissés pour surveiller la ville en son absence ; j'ai tenté, sans succès, d'obtenir d'eux la permission de quitter Péronne. Ils étaient assez bien disposés, mais ils craignaient de se compromettre. L'un d'eux a exprimé beaucoup de sympathies pour les Anglais, tout en désapprouvant avec une grande véhémence leur gouvernement qui, disait-il, est détestable. Ma poltronnerie m'a empêché de le défendre (je crois ces gens-là plus dangereux que les espions de l'ancienne police); j'ai seulement hasardé timidement que, bien que la constitution anglaise soit monarchique, les droits de la couronne sont très-limités ; que nous n'avons pas à nous plaindre de nos institutions, mais seulement de certaines erreurs pratiques auxquelles on pourrait remédier sans un changement radical; enfin que notre noblesse n'est ni nombreuse, ni privilégiée, ni aucu nement nuisible à la majorité de la nation. —« Ah ! s’écria notre républicain, vous avez donc de la noblesse en Angleterre? Ce sont peut-être les milords? » — Je trouvai inutile de continuer à discuter le gouvernement anglais avec un critique politique qui ignorait la troisième branche de la constitution. Cependant, on a délégué à ce réformateur, à cet ennemi des rois, des pouvoirs beaucoup plus étendus que ceux d’un souverain anglais, bien que je doute qu’il puisse écrire sa propre langue. Sa réputation morale est encore pire que son instruction; il était connu avant la révolution comme une sorte d’escroc, et a été presque convaincu de faux. Tels sont, cependant, la plupart des fonctionnaires ; car aucun homme honnête n’accepterait de semblables commissions et n’accomplirait les services qui y sont annexés.

Le pain continue à être très-rare, et la population de Paris est, comme toujours, très-turbulente. Les départements voisins sont privés de leur subsistance pour satisfaire aux besoins de la métropole, qui est ainsi exemptée de la détresse générale, et cela sans autre droit que la crainte qu’inspire la Convention. Autant que j’en puis juger, l’état de tranquillité des provinces que j’habite n’est pas l’effet du contentement, mais de la nonchalance. Elles n’aiment pas leur gouvernement, mais elles s’y soumettent ; leur plus extrême résistance se borne à un peu d’obstination dont quelques dragons ont bien vite raison. De temps à autre, nous sommes effrayés par le bruit que l'ennemi approche ; on ferme les portes et on sonne le tocsin ; mais je ne vois pas que le peuple s'en inquiète beaucoup. Leurs craintes sont plus personnelles que politiques ; il leur est indifférent de se soumettre aux Autrichiens, mais ils redoutent la licence militaire...

Péronne, 29 août 1793.

Cent cinquante personnes ont été arrêtées à Amiens en une seule nuit, et un grand nombre de gentilshommes des villes environnantes ont partagé le même sort. Cette mesure, qu'on dit être générale dans toute la république, a causé de grandes inquiétudes, et la masse du peuple lui-même la considère avec regret. Dans quelques villes, les bourgeois ont présenté aux députés en mission des pétitions en faveur de leur noblesse emprisonnée ; mais ils n'ont eu aucun succès. Ceux qui ont signé les pétitions sont menacés et intimidés ; la terreur a beaucoup augmenté, et je doute que cet effort soit renouvelé.

La levée en masse décrétée il y a quelque temps n'a pas eu d'effet. Très-peu de gens comprennent ce que c'est, et moins de gens encore sont disposés à s'y soumettre. On tient des consultations, on propose des plans pour envoyer les troupes à la frontière ; mais le suffrage unanime se prononce pour la négative. Comme les troupes de Falstaff, chacun a quelque bon cas d'exemption. Si vous assistiez à une de ces discussions, vous concluriez que les Français sont physiquement les gens les plus mal conformés du globe. Des jeunes gens de saine apparence ont toutes sortes de désordres intérieurs et d'infirmités cachées : l'un est myope, l'autre épileptique ; celui-ci est nerveux et ne peut pas ajuster avec le fusil, celui-là a des rhumatismes et ne peut pas le porter ; en un mot, c'est une collection de manchots, de boiteux et d'aveugles, plus dignes de l'hôpital que du champ de bataille[1]. Cependant, comme il *faut* une armée, j'ose dire que les dragons opéreront bientôt des cures miraculeuses. Je dois ajouter que votre omnipotent M. Pitt est toujours l'auteur de ces machinations. Il a fomenté la perversité des villes, alarmé la timidité des villages ; il a persuadé à quelques-uns qu'il n'était pas agréable de quitter leur boutique et leur famille ; il a insinué à d'autres que la mort et les blessures ne sont pas très-désirables...

---

[1] Pour compléter et aussi pour rectifier ces détails, voir *les Volontaires de* 92, par M. Camille Rousset, les *Mémoires de Gouvion Saint-Cyr*, de *Lavalette*, de *Marmont*, etc.

Péronne, 7 septembre 1793.

Quoique l'indifférence des Français les exempte de vives sensations patriotiques, elle ne bannit pas la curiosité. Les succès de l'ennemi de tous côtés, la rébellion de Lyon et de Marseille, la force croissante des insurgés de Vendée ont ravivé notre ardeur pour les nouvelles. En Angleterre, une crise semblable réunirait tout le monde. Ici l'on se divise et l'on s'évite.

Quand il arrive une nouvelle importante, tous nos politiques provinciaux s'enferment avec leur gazette, chacun chez soi, afin de n'être pas mis en demeure de donner leur opinion avant d'être certain de la force d'un parti ou du succès d'une tentative.

Ma plus grande surprise est que le gouvernement puisse se soutenir ; à l'intérieur, il est tenu de lutter contre la disette, la discorde et la rébellion ; à l'extérieur, il est attaqué et battu de toutes parts. Peut-être la solution de ce problème politique ne peut-elle être trouvée que dans l'égoïsme du caractère français et dans le manque de lien entre les différents départements. Une partie du pays est ainsi subjuguée par le moyen d'une autre. Pendant que les habitants du sud prennent les armes en faveur de leur liberté et de leur commerce, ceux du nord refusent de les soutenir et attendent avec une tranquillité égoïste que la même oppression s'étende jusqu'à eux. La majorité du peuple n'a aucun point d'union, aucun moyen de communication, tandis que les jacobins, relativement très-peu nombreux, sont forts par le moyen de leur correspondance générale, de leur centre commun à Paris et de la direction exclusive des affiches et feuilles publiques. Quelle qu'en soit la cause, il est certain que le gouvernement est à la fois tout-puissant et détesté, presque sans support apparent, et cependant difficile à renverser...

11 septembre 1793.

La nouvelle de la prise de Toulon par lord Hood, dont le gouvernement a feint de douter pendant quelques jours, est maintenant certaine ; la Convention, dans un paroxysme de rage à la fois lâche et immorale, a décrété que tous les Anglais non résidents en France avant 1789 seraient emprisonnés comme otages ; ils devront répondre sur leur vie de la conduite de leurs compatriotes et des Toulonnais envers deux députés, Bayle et Beauvais, qu'on dit avoir été retenus dans la ville lors de la reddition. Ma première émotion passée, je me suis préparée à tout événement, empaquetant mes vêtements, disposant de mes papiers et me munissant d'argent.

Mes amis me persuadent que le décret est trop atroce pour être exécuté; mais je crois que ceux qui sont au pouvoir ici sont capables de tout. Je vis dans une frayeur perpétuelle, veillant le jour, écoutant la nuit, ne me couchant jamais sans m'attendre à être éveillée la nuit. Je cesserai mes lettres jusqu'à ce que je sois délivrée de l'incertitude, sinon de la crainte; je risque beaucoup en les gardant avec moi, et peut-être ne pourrai-je jamais rien y ajouter; mais quel que soit le sort qui m'est réservé, tant que je conserverai l'espoir qu'elles vous parviendront un jour, je ne les détruirai pas...

Arras, maison d'arrêt, 15 octobre 1793.

Toutes mes craintes se sont réalisées. Il y a environ un mois, le bruit du canon et le son de la grande cloche nous ont annoncé l'arrivée de Dumont, le représentant en mission dans le département. La ville fut immédiatement en alarme; toutes les portes furent fermées et les avenues conduisant aux remparts gardées par les dragons. Notre maison étant dans une rue écartée, avant que nous eussions pu apprendre la cause de cette confusion, un détachement de gardes nationaux, l'officier municipal en tête, arriva pour m'escorter, ainsi que madame de..., vers une église où le représentant interrogeait les prisonniers. Aussi étonnées que terrifiées, nous avons demandé à nos conducteurs quel serait le résultat de cette mesure; mais ils ne savaient rien et il était facile de voir que l'office qu'ils remplissaient leur était déplaisant. Les rues étaient pleines de peuple. Leur consternation silencieuse et leur contenance désolée augmentaient notre inquiétude et abattaient notre courage. L'église était presque vide, et Dumont se préparait à partir, lorsque l'officier municipal nous introduisit. Lorsqu'il apprit que madame de... était sœur d'un émigré et que j'étais Anglaise, il nous dit que nous passerions la nuit dans une église désignée pour cet usage et que nous partirions le lendemain pour Arras. A partir de ce moment, mes facultés furent comme suspendues, et c'est par une sorte d'effort convulsif que je parvins à demander combien de temps nous serions privées de notre liberté. Il répondit qu'il n'en savait rien; mais que « la levée du siége de Dunkerque et la perte de six mille hommes que les Français avaient faits prisonniers allaient certainement produire une insurrection en Angleterre, par conséquent la paix, et notre mise en liberté. »

Madame de... demanda alors qu'on nous permît, à cause de notre santé (nous étions toutes deux réellement souffrantes), de passer la nuit dans notre maison, reconduites par des gardes si on le jugeait nécessaire. Mais le représentant fut inexorable et ordonna de nous emmener, d'un ton brutal et despotique. En arrivant à l'église qui devait être notre prison jusqu'au matin, nous y avons trouvé cent cinquante personnes, principalement des vieillards, des femmes et des enfants ; ils se dispersaient en groupes mélancoliques, déploraient leur situation et se confiaient leurs craintes. L'aspect sombre du bâtiment était augmenté par l'obscurité de la nuit ; le bruit des gardes, dont plusieurs étaient ivres, l'odeur du tabac et la chaleur de la place rendaient notre position insupportable. Nous avons bientôt découvert plusieurs de nos connaissances ; mais cette association de détresse était bien loin d'être consolante. Nous passions notre temps en consultation sur ce qui pourrait nous être utile dans notre captivité. Quoique nous eussions peu d'espoir pour le lendemain, les heures se traînaient si péniblement que j'ai rarement vu avec plus de plaisir le retour du jour. Je n'étais pas sans appréhension ; je me rappelais les massacres dans les églises à Paris et les propositions qu'on faisait fréquemment d'exterminer la noblesse et le clergé. Madame de... m'a confessé depuis qu'elle avait eu les mêmes idées.

Enfin le matin arriva et on permit à nos domestiques d'entrer avec le déjeuner; ils paraissaient
chagrins et frappés de terreur, mais ils offrirent
très-volontiers de nous accompagner là où nous
irions. Après une discussion mélancolique, il fut
décidé que nous emmènerions les femmes de
chambre et que les autres resteraient pour garder
la maison et nous expédier les objets dont nous
aurions besoin. Ils retournèrent afin de préparer le
nécessaire pour notre départ, et nous fûmes bientôt prêtes. Nos compagnons d'infortune avaient eu
des serviteurs également diligents ; mais je ne sais
pourquoi, au lieu de s'arranger pour nous mener
à destination au milieu du jour, on sembla vouloir
exprès nous faire passer encore une nuit sur la
route, quoique nous fussions épuisés par la veillée
précédente.

Nous avons attendu ainsi jusqu'à six heures. On
amena alors un certain nombre de charrettes couvertes, accompagnées d'un détachement de dragons qui devaient nous escorter. Je ne me souviens
plus guère de ce qui se passa jusqu'au moment où
je me trouvai sur la route d'Arras. La femme de
chambre de madame de... nous apprit que Dumont
était arrivé le soir, dans une extrême mauvaise
humeur, et avait convoqué la municipalité en toute
hâte, pour demander combien de gens ils avaient
arrêtés et quelles dénonciations ils avaient encore
à faire. La corporation entière frémit : ils n'avaient

arrêté personne et, ce qui est encore pis, ils n'a-
vaient personne à accuser. Ils alléguèrent pour leur
défense que la ville était extrêmement tranquille,
que le peuple était bien disposé et que la violence
n'était pas nécessaire. Le représentant entra en
fureur, vociféra « tout grossièrement à la française » qu'il savait qu'il y avait cinq mille aristocrates à Péronne, et que si on ne lui en amenait
pas cinq cents avant le matin, il déclarerait la ville
en état de rébellion.

Alarmés par cette menace, les conseillers commencèrent à arrêter avec toute la célérité possible,
plus désireux de se procurer le nombre voulu que
de faire des choix. Mais toute leur diligence ne
put apaiser le législateur irrité ; le maire, les officiers municipaux, tous les administrateurs du district furent envoyés le matin au château, d'où on
les mena à Amiens avec quelques-uns de leurs
propres prisonniers.

On nous apprit aussi qu'au moment où nos domestiques finissaient nos malles, des commissaires
de la section étaient venus mettre les scellés sur
tout ce qui nous appartenait. Ce n'est pas sans
contestation qu'on a pu obtenir de nous envoyer
quelques objets indispensables. Outre les scellés
sur toute la maison, on y a placé des gardes que
madame de... est forcée de payer cinquante sous
par jour et par homme.

Nous étions trop nombreux pour voyager rapidement. Il était plus de minuit lorsque nous atteignîmes Bapaume (à quinze milles seulement de Péronne). Il pleuvait très-fort, la nuit était extrêmement noire, les routes étaient mauvaises et les chevaux fatigués. L'officier qui nous conduisait pensa qu'il serait difficile de continuer avant le matin. On nous entassa encore une fois dans une église, nos vêtements mouillés sur le corps (les couvertures des charrettes étaient trop minces pour nous garantir de l'eau). On nous distribua quelques bottes de paille humide et on nous enferma en nous donnant la permission de nous reposer de notre mieux. Toutes mes appréhensions revinrent. Nous étions dans un lieu tout à fait inconnu, gardés par de nouvelles recrues sur lesquelles nous avions des soupçons peu favorables. Comme vous pouvez le penser, nous n'avons pas tenté de dormir, et nous avons été trop heureux lorsque le jour nous a permis de partir. Nous sommes entrés à Arras vers onze heures; les rues étaient pleines d'oisifs qui avaient appris notre arrivée; mais personne ne nous insulta, si ce n'est quelques soldats, réfugiés des Pays-Bas, je crois, qui criaient : « A la guillotine ! à la guillotine ! »

On nous mena à l'ancienne maison d'un émigré, convertie en prison; quoique grande, elle était très-pleine. Le gardien déclara qu'il n'avait pas de place pour nous et nous laissa plusieurs heures dans la cour avec nos bagages. Enfin il délogea et comprima les autres prisonniers pour nous faire place, et nous introduisit dans notre logement, à demi-mortes de froid et de fatigue. On nous avait alloué, pour mon amie, moi et les deux femmes de chambre, le coin d'un galetas sans plafond, assez froid en lui-même, mais rendu beaucoup trop chaud par les effluves d'une vingtaine de corps humains. Ces gens-là ne paraissent pas songer au désagrément de leur situation, désagrément augmenté par la saleté et la mauvaise odeur. Quelque fatiguées que nous fussions, il nous a été impossible de reposer avant d'avoir tenté une purification. Nous avons brûlé des parfums et répandu du vinaigre; mais il était curieux d'observer que nos compagnons, tous *gens comme il faut*, et que nous trouvions respirant l'atmosphère d'une hutte de Cafres, déclaraient que leurs nerfs étaient incommodés par l'essence de rose et le vinaigre des Quatre-Voleurs.

Une partie de la chambre étant occupée par des hommes, nous avons séparé notre coin avec un rideau que nous avions heureusement emporté avec nos lits; puis, après avoir pris le thé préparé par nos servantes, la chambre étant tranquille pour la nuit, nous avons essayé de dormir. Madame de... et les femmes de service oublièrent bientôt leurs soucis; mais, pour moi, bien qu'é-puisée de fatigue, l'agitation de mon esprit m'en-

levait la faculté du sommeil, et cette nuit je ne
goûtai guère plus de repos que les précédentes. Le
lendemain, grâce aux vêtements mouillés et à
d'autres circonstances de notre voyage, j'avais tous
les symptômes d'une fièvre violente...

Arras, maison d'arrêt, 15 octobre 1793.

Après plus de trois semaines de maladie, je com-
mençai à marcher dans la cour, et je fis connaissance
avec nos compagnons d'infortune. Madame de....
en découvrit plusieurs de sa connaissance, et je
vis avec regret que beaucoup de mes amis d'Arras
y étaient aussi. Ayant été arrêtés quelques jours
avant nous, ils étaient logés un peu plus commodément, et, voyant la misère de notre galetas, ils
placèrent madame de... dans une chambre moins
encombrée que la nôtre et m'abandonnèrent un
cabinet noir qui contenait juste mon matelas. C'est
un pauvre logis, mais comme il me promet un refuge où je pourrai quelquefois lire et écrire en
paix, je l'ai accepté avec reconnaissance. Il se re-
commande surtout par une serrure à la porte, et,
afin de m'assurer contre toute surprise, j'ai ajouté
une fermeture additionnelle au moyen d'un long

clou et d'une chaîne de portemanteau. Sous prétexte de me préserver du vent, j'ai aussi collé du
papier sur les fentes de la porte, pour qu'on ne
s'aperçoive pas quand j'ai de la lumière plus tard
que d'habitude. Grâce à ces précautions, je puis
continuer sans grand danger à vous écrire les événements de chaque jour, et ma situation est assez
étrange pour qu'ils puissent vous intéresser.

Nous sommes environ trois cents prisonniers
des deux sexes, de tout âge et de toute condition :
ci-devant nobles, parents d'émigrés, prêtres non
assermentés, marchands et boutiquiers accusés
de monopole ; il y a aussi des religieuses, des fermiers qu'on accuse d'avoir caché leurs récoltes.
D'autres, misérables femmes à peine vêtues, sont
emprisonnées parce qu'elles ne sont pas allées à
la messe constitutionnelle ; d'autres encore parce
qu'ils se sont trouvés dans une auberge ou en visite hors de leur ville natale, lorsqu'on a arrêté
tous les *étrangers*, entendant par là, non-seulement ceux qui sont de nationalité différente, mais
aussi tous ceux qui n'habitent pas la ville où on les
trouve. Il y a, outre cela, une foule de gens envoyés ici sur des informations secrètes et qui ignorent eux-mêmes la raison de leur emprisonnement.

Je crois que nous sommes soumis aux mêmes
règles que dans les prisons ordinaires : personne
ne peut entrer ; on ne parle aux detenus qu'à la

grille, en présence d'un garde ; toutes les lettres, les paquets, les paniers, sont examinés avant l'entrée ou la sortie ; mais ceci dépend beaucoup des principes politiques des gardes : un constitutionnel ou un aristocrate lira une lettre les yeux à moitié fermés et inspectera les malles d'une façon sommaire ; tandis que le républicain accompli épelle chaque syllabe de la plus longue épître et ouvre tous les porcs rôtis ou les pâtés de canard avant de les laisser entrer. On ne permet pas aux domestiques de sortir, de sorte que ceux qui n'ont pas d'amis dans la ville sont forcés, pour se procurer le nécessaire, d'avoir recours aux gardiens. On paye alors extrêmement cher ; mais on est tellement au pouvoir de ces gens-là, qu'il est prudent de se soumettre à cet impôt sans murmurer...

La Convention a trouvé le temps de décréter que toutes les femmes seraient forcées de porter la cocarde nationale, sous peine d'emprisonnement. Même dans la prison, nous sommes obligées de nous soumettre à l'ignominie de cette décoration. Pourtant, d'ordinaire, nos cocardes sont très-petites ; mais, lorsqu'on attend Dumont, je remarque que le patriotisme de mes compagnes augmente considérablement et les couleurs nationales qu'elles portent sur leur tête sont assez larges pour distinguer un officier d'état-major.

La municipalité de Paris, « la superbe ville, » a aussi décrété que la famille royale se servira, à l'avenir, de cuillers d'étain et mangera du pain noir !...

————

18 octobre.

Nous avons la mortification d'apprendre qu'une calèche fort élégante de madame de... a été réquisitionnée pour conduire à Paris un ferblantier et deux maréchaux ferrants envoyés en mission. Les deux meilleurs chevaux de son fermier sont morts de fatigue pour avoir porté les provisions de l'armée, et on coupe les jeunes bois de sa propriété pour faire des piquets. Les scellés sont toujours sur nos effets et nous avons été obligées, à cause de cela, d'acheter les objets indispensables ; en examinant notre bagage à notre arrivée ici, nous l'avons trouvé fort diminué, et la même chose est arrivée à presque tous nos compagnons. Nos soupçons sont tombés sur les dragons ; ils peuvent voler impunément, sachant que personne n'oserait porter plainte...

Nous avons ici un tribunal révolutionnaire avec sa compagne obligée, la guillotine, et les exécutions deviennent très-fréquentes. Je n'ose demander quelles sont les victimes, de peur d'entendre quelque nom de connaissance. On dit que le procès est très-sommaire : on ne demande pour toute preuve que la fortune, le nom et les relations de l'accusé. Le député commissaire du département est un ancien prêtre nommé Lebon, d'un caractère sanguinaire et immoral ; il dirige les verdicts du jury selon sa haine ou son intérêt personnel. Nous avons eu dernièrement un triste exemple de la terreur créée par son tribunal et des notions de justice qui y prévalent. Un gentilhomme de Calais, qui occupait un emploi du gouvernement, fut accusé de quelque irrégularité dans ses comptes, et, l'affaire devenant sérieuse, il fut condamné à la prison en attendant son procès. Il regarda cette procédure judiciaire comme une pure formalité, conclut qu'on voulait le sacrifier, et lorsque les officiers entrèrent dans son appartemet pour l'arrêter, il fut saisi d'une frénésie de désespoir, s'empara des chenets de la cheminée, les jeta à la tête des agents, et pendant qu'ils cherchaient du secours, il se coupa les artères. Après la mort de cet infortuné, on apprit que l'accusation était sans fondement et qu'il ne lui avait manqué qu'un peu de temps pour mettre ses papiers en ordre et se disculper.

19 octobre.

Nous sommes éveillés presque toutes les nuits par l'arrivée de nouveaux prisonniers et ma première question le matin est toujours : « N'est-il pas entré du monde cette nuit ? » — Angélique (ma femme de chambre) répond avec un gémissement : « Ah ! mon Dieu, oui ! une dizaine de prêtres ; » ou « une trentaine de nobles ! » Le gémissement augmente avec la qualité du prisonnier : il est modéré pour un marchand, profond pour un marquis ou un prêtre, et le plus triste de tous est réservé pour un évêque non assermenté.

Ce matin, en me promenant dans la cour, j'ai été accostée par une très-jolie ouvrière, nommée Victoire, que j'employais autrefois à Pantemont. Très-surprise de la trouver dans cette situation, je lui demandai son histoire. J'appris qu'après avoir perdu sa mère, elle était allée vivre à Saint-Omer avec un frère qui y tenait une petite boutique. Mais ce frère, étant au-dessous de vingt-cinq ans, avait dû partir pour l'armée et la laisser seule. Trois semaines après, elle était arrêtée à minuit et amenée ici ; elle n'a eu le temps de pouvoir à rien, et leur petit commerce, ainsi que l'ouvrage qu'elle avait commencé, sont à la merci de ses accusateurs. Elle suppose que son crime est de ne pas avoir assisté à la messe constitutionnelle ; le délateur doit être un membre d'un des comités de la ville qui, depuis le départ de son frère, la poursuivait de propositions déshonnêtes. Ayant été repoussé, il a pris ce moyen de se venger, et, depuis son emprisonnement, il tente de faire avec elle une sorte de marché pour lui faire obtenir sa liberté. Je suis réellement fâchée pour cette pauvre créature ; si elle reste ici, elle peut perdre nonseulement ses moyens d'existence, mais aussi sa moralité ; elle est dans une chambre avec dix ou douze hommes, et la maison est si pleine que je crains de ne pouvoir lui obtenir un appartement plus convenable...

Mon amie, madame de..., s'ennuie terriblement. Nous n'avons pas un coin où nous puissions nous retirer, excepté mon cabinet où l'on ne voit qu'avec des bougies allumées. Elle regrette ses occupations et ses projets pour l'hiver. Elle avait commencé à peindre une sainte Thérèse, à traduire un roman italien, et elle avait presque achevé l'éducation musicale d'une douzaine de canaris qu'elle devait accompagner sur la harpe. Je crois que si elle avait seulement un espace de quelques pouces carrés, elle amènerait ici, sinon tout le chœur, au moins deux favoris, qui ont de curieuses petites houppes et des anneaux au cou.

Malgré ces goûts féminins, elle est très-aimable, et son sort est injuste et cruel. Laissée jeune à la garde d'un frère, il la plaça à l'antemont, où je l'ai

connue, dans l'espoir qu'elle y prendrait le voile ;
elle s'y refusa et resta enfermée comme pensionnaire
jusqu'à ce qu'un mariage très-avantageux avec le
marquis de.... lui procura sa liberté. Le marquis
était assez vieux pour être son père et mourut au
bout de deux ans, lui laissant une fortune considérable, que la révolution a réduite des deux tiers.
Son frère, d'abord chaud patriote, ayant été menacé
aux massacres de septembre, émigra immédiatement, et ma pauvre amie, emprisonnée à cause de
lui, se trouve répondre de la conduite d'un homme
sur lequel elle n'a aucune influence...

Arras, 21 octobre.

Je viens de faire une découverte fort déplaisante
que madame de... m'avait cachée soigneusement.
Tous les Anglais et autres étrangers en guerre
avec la France sont arrêtés, sans exception, et
leurs biens confisqués. Le comité de Péronne s'ap-
puie là-dessus pour refuser de lever les scellés sur
mes effets et empêcher qu'on ne m'envoie les plus
nécessaires de mes vêtements. Dans d'autres lieux,
ils ont mis deux, quatre et jusqu'à six gardes dans
les maisons appartenant aux Anglais. Les gardes,
outre leurs leurs cinquante sous par jour, brûlent

le bois, boivent le vin, pillent en détail tout ce qu'ils
trouvent, tandis que le malheureux propriétaire
meurt de faim dans une maison d'arrêt. Le prétexte de cette mesure est que, selon le récit d'un
déserteur échappé de Toulon, lord Hood aurait
fait pendre Beauvais, membre de la Convention. Je
suis sûre que cela est faux et inventé par le comité
de salut public pour pallier un acte d'injustice
prémédité depuis longtemps...

22 octobre.

Fleury, le domestique confidentiel de madame
de ..., a appris hier qu'un homme, autrefois employé par le tailleur du marquis, a abandonné la
vente des vieux habits pour s'occuper de politique.
Il est devenu un patriote marquant et l'un des conseillers privés de Lebon. Fleury a renouvelé connaissance avec cet homme, l'a consulté sur notre
situation et lui a fait promettre de parler à Lebon
en notre faveur. Sous ce splendide patronage, nous
obtiendrons peut-être d'être transférées à Amiens,
ou peut-être même notre entière libération. Nous
avons écrit à Lebon à ce sujet, et, dans quelques
jours, Fleury aura une conférence avec son ami le
tailleur pour savoir le résultat de sa médiation.

Nous avons eu aujourd'hui un garde indulgent qui a permis au domestique de dépasser la grille de quelques pas pour nous annoncer cette nouvelle. Il a ajouté comme épisode que, la nuit dernière, la cavalerie manquant de bottes, toutes les bottes de la ville avaient été réquisitionnées. Fleury s'étant couché avant qu'on vînt à son auberge, s'était trouvé le lendemain sans bottes. C'était autrefois un fameux patriote et l'oracle des gens de mon amie; mais notre emprisonnement avait ébranlé ses convictions, et la perte de « ses superbes bottes anglaises » a, je crois, complété sa défection...

———

25 octobre.

On me dit qu'il y a maintenant cinq cents détenus dans cette maison. Il paraît que notre gardien possède l'art de calculer exactement l'espace requis pour placer un nombre donné de corps humains; mais il s'inquiète peu de la manière dont ils respireront. Ceux qui en ont le moyen font venir leur dîner de l'auberge ou de chez le traiteur; mais les pauvres dorment, mangent et font la cuisine par vingtaine dans la même chambre. Mon amie et moi, nous soupons avec du thé; mais nos associés, qui trouvent incommode de se faire apporter à souper le soir, ne veulent pas se soumettre au même régime; ils se régalent le soir des restes du dîner, qu'ils font recuire dans la chambre même, et s'endorment au milieu des odeurs de perdrix à l'oignon, d'œufs à la tripe, et d'autres produits de la cuisine française. Les bourgeois et les marchands ne se permettent pas seuls ces repas de haut goût; les beaux et les petites-maîtresses n'ont pas des appétits moins exigeants ni des nerfs plus délicats. Dans l'après-midi, la cour est un réceptacle de feuilles de chou, d'écailles de poissons, de poireaux, etc.; et, comme les femmes de chambre françaises préfèrent ordinairement la ligne droite à la peine de faire un détour, les reliefs du festin sont entraînés par les eaux de toilette qu'elles jettent à profusion. Les passages sont obstrués par des tessons d'assiettes et par de vieux os. Si vous ajoutez à cela l'exhalaison des fromages de Gruyère et des pommes conservées, vous pouvez vous faire une idée des souffrances de ceux dont le nerf olfactif n'est pas robuste. Ce n'est pas tout; presque toutes les femmes de la maison, moi seule exceptée, sont accompagnées de leur bichon, animal qui dort dans la chambre de sa maîtresse et souvent sur son lit; toutes ces Lesbies et ces Lindamires augmentent l'insalubrité de l'air et colonisent nos bas en y envoyant des émigrations journalières de puces.

27 octobre.

Lorsque j'écrivais l'autre jour que la maison était tellement pleine qu'elle ne pouvait contenir plus de monde, je ne rendais pas justice aux talents de notre gardien. Les deux dernières nuits, on a amené plusieurs voitures chargées de nonnes, de fermiers, de boutiquiers des villes voisines; on est parvenu à les loger en nous tassant comme des grains de café dans une balle. S'il arrive un autre convoi, il est certain que nous devrons dormir dans la position perpendiculaire; car en ce moment, les lits étant disposés pour la nuit, on ne peut pas faire un mouvement en diagonale sans réveiller son voisin. Cet arrangement est loin de nous promettre l'harmonie pour le lendemain, et je suis souvent témoin de récriminations occasionnées par des forfaits nocturnes. Quelquefois le bichon d'une douairière est accusé d'hostilité contre son voisin, ce qui produit un chœur général de toute la gent canine; un autre quadrupède quitte le lit de sa maîtresse pour prendre possession de l'habit d'un général.

Des somnambules féminines alarment la modestie de deux évêques; des officiers en disponibilité rêvent et crient aux armes quand tout le monde ne demande qu'à dormir en paix. On me dit que les deux grands trouble-fêtes de la chambre où dort madame de ..., sont deux chanoines dont les nez sonores produisent une sorte de duo incompatible avec le sommeil d'autrui. On députe parfois quelqu'un de la compagnie pour interrompre la sérénade par une application manuelle sur la partie délinquante, mais cela « tout en badinant et avec politesse... »

Arras est la prison commune du département, et, outre celle-ci, il y a dans la ville beaucoup d'autres hôtels et couvents appropriés au même usage et également pleins. La rage d'arrêter semble augmenter au lieu de diminuer. On suppose qu'il y a en France plus de trois cent mille personnes enfermées comme suspectes[1]. Voici quelles sont les différentes sortes de suspects, classées par la Convention et décrites par Chaumette, procureur de la cité de Paris :

Décrets concernant les suspects :

Indications qui peuvent servir à distinguer les suspects et ceux à qui il est bon de refuser des certificats de civisme :

« I. — Ceux qui, dans les assemblées populaires,

---

[1] Peu de personnes savaient la raison précise de leur arrestation ; les volumineux registres des prisons spécifiaient rarement autre chose que : « Un tel arrêté comme suspect » ou « par mesure de sûreté générale. » Quelquefois il y avait des charges spécifiées, telles que : « Vivian, perruquier, prévenu d'imbécillité et de peu de civisme. » (Pour ce crime il passa un an en prison.) « Robert, pour avoir oublié de renouveler sa carte de citoyen. »

auront réprimé l'ardeur du peuple par des discours artificieux, par des exclamations violentes ou des menaces.

« II. — Ceux qui, avec plus de prudence, parlent d'une façon mystérieuse des infortunes publiques, paraissent toujours prêts à répandre de mauvaises nouvelles, avec une affectation de regrets.

« III. — Ceux qui adaptent leur conduite et leur langage aux circonstances du moment ; qui, afin de passer pour républicains, affectent une austérité étudiée dans les manières ; qui déclament avec véhémence contre les plus légères erreurs d'un patriote, mais s'attendrissent quand on se plaint des crimes d'un aristocrate ou d'un modéré.

« IV. — Ceux qui plaignent les fermiers et les boutiquiers avares contre lesquels on a dû décréter des lois.

« V. — Ceux qui, tout en ayant toujours à la bouche les mots de liberté, patrie, république, etc., continuent des relations avec les ci-devant nobles, les contre-révolutionnaires, les prêtres, les aristocrates, les feuillants, etc., et s'intéressent à leur sort.

« VI. — Ceux qui, n'ayant pas pris une part active à la Révolution, tentent de s'excuser en alléguant le payement régulier de leurs contributions, leurs dons patriotiques et leurs services rendus dans la garde nationale par substitut ou autrement.

« VII. — Ceux qui ont reçu la constitution républicaine avec froideur ou qui indiquent leurs pré-
tendues appréhensions sur sa consolidation et sa
durée.

« VIII. — Ceux qui, n'ayant rien fait contre la
liberté, ont fait aussi peu pour elle.

« IX. — Ceux qui ne fréquentent pas l'assemblée
de leur section et donnent comme excuse qu'ils
ne sont pas orateurs, ou qu'ils n'ont pas trop de
temps pour leurs propres affaires.

« X. — Ceux qui parlent avec mépris des autorités constituées, de la rigueur des lois, des sociétés
populaires et des défenseurs de la liberté.

« XI. — Ceux qui ont signé des pétitions anti-
révolutionnaires, qui ont fréquenté à un moment
quelconque des clubs antipatriotiques ou qui sont
connus comme partisans de la Fayette et complices
de l'affaire du champ de Mars. »

Outre ces indications légales et morales, il y a,
selon les orateurs de la Convention et des Jacobins, d'autres signes extérieurs et visibles non
moins infaillibles pour reconnaître les suspects ;
tels sont « les gens à bas de soie rayés, mou-
chetés, à chapeau rond, habit carré, culotte pin-
cée, étroite, à bottes cirées ; les muscadins, les
freluquets, etc., etc. » La conséquence de ceci a été
la transformation de tout le pays en républicains, au
moins pour le costume. Un homme qui ne veut pas

être désigné comme suspect se revêt d'une veste
(carmagnole) et d'une culotte en coton rayé ou en
drap grossier, d'une cravate de cotonnade voyante,
tortillée comme un collier de cheval, et se proje-
tant bien au delà du menton ; avec cela un bonnet
de toile rouge et bleue, brodé en avant, ressem-
blant beaucoup par la forme à celui de Pierrot dans
les pantomimes, et une paire de boucles d'oreilles
à peu près de la taille d'un grand anneau de rideau. Enfin, il écourte ses cheveux et encourage
soigneusement la croissance d'une énorme paire
de favoris qu'il parfume de fumée de tabac. — Cependant, quand on ambitionne une réputation plus
haute, on dédaigne tous ces raffinements d'élégance, et on affecte de paraître sale et en lambeaux, ce qu'on décore du nom de républicanisme
sévère et de pauvreté vertueuse. C'est ainsi qu'au
moyen d'un habit râpé et percé aux coudes, de sabots et d'un bonnet rouge, le riche espère mettre
sa fortune à l'abri, et l'ambitieux intrigant compte
acquérir un emploi lucratif...

27 octobre.

Tous ces patriotes par ordonnance et système
ont aussi un dialecte particulier ; ils appellent tout

le monde « citoyen, » disent à chacun tu et toi indistinctement, ne parlent que des agents de Pitt et de Cobourg, des tyrans coalisés, des ogres royaux, des satellites, des despotes, des esclaves automates et des « anthropophages ; » puis ils mettent en regard leur propre prospérité et cet heureux pays de France, « qui est par excellence la terre de la liberté, » et dont le peuple est « libre et heureux ». — Il faut remarquer que ceux qui emploient le plus familièrement ces expressions pompeuses sont des officiers qui remplissent la mission guerrière de mutiler des saints de bois dans les églises et d'arrêter les vieilles femmes qu'ils rencontrent sans couleurs nationales ; ou encore des membres des municipalités réduits à l'office de constables, dont la principale fonction est de chasser aux suspects et de faire des visites domiciliaires en quête des cachettes d'œufs et de beurre. Parmi ces orateurs populaires, il y a aussi les tailleurs, les cordonniers [1], etc., des comités d'inspection auxquels les représentants en mission ont délégué leurs pouvoirs illimités, qui arrêtent à tort et à travers, et pour qui c'est un

---

[1] A Arras, il suffisait d'avoir déplu aux femmes de ces mécréants pour être persécuté. A Hesdin, Dumont laissa carte blanche au maire, et en une nuit deux cents personnes furent jetées en prison. Ces obscurs dominateurs régnèrent partout sans contrôle, et le peuple était si intimidé, qu'au lieu de se plaindre il les traitait avec la plus servile adulation. J'ai vu une ci-devant comtesse coqueter de toutes ses forces avec un tailleur jacobin, et un riche marchand solliciter très-humblement les offices d'un fripier.

crime de savoir lire et écrire ou d'être décemment
habillé...

Toute l'administration du pays est aux mains de
débauchés nécessiteux et ignorants, d'escrocs,
d'hommes condamnés par les lois, et qui, sans la
révolution, seraient maintenant aux galères ou en
prison. Il faut y ajouter quelques hommes de caractère faible et de principes peu solides, qui gardent
leurs places parce qu'ils n'osent pas les quitter, et
un très-petit nombre de fanatiques ignorants qui
s'imaginent réellement être libres parce qu'ils peuvent molester et détruire avec impunité ce qu'on
leur avait appris à respecter jusqu'ici, et parce qu'ils
boivent trois fois plus que dans l'ancien temps.

30 octobre.

J'ai appris aujourd'hui une chose qui me rend
encore plus désireuse de quitter notre prison :
plusieurs de nos compagnons, que je croyais trans-
férés dans d'autres maisons, ont été emmenés pour
subir la cérémonie du procès, et de là ont été conduits à l'échafaud. Ces massacres judiciaires deviennent fréquents ; leur répétition a détruit le
sentiment d'humanité et le sens de la justice. Le
peuple, sanguinaire et léger, familiarisé avec les
exécutions, contemple avec une égale indifférence

l'innocent et le coupable ; la guillotine n'a pas seulement cessé d'être un objet d'horreur, mais elle devient presque une source d'amusement...

Le caractère sombre et féroce de Lebon se développe d'heure en heure ; tout le département tremble devant lui, et ceux qui ont le moins mérité la persécution sont, avec raison, les plus anxieux. Ce qui est encore pire, c'est que ces horreurs ne sont pas près de finir ; on lui permet de payer, avec le trésor du département, la populace qu'on emploie pour les *populariser* et les applaudir...

Nous resterions certainement à Arras jusqu'à quelque changement dans les affaires publiques, sans l'heureuse découverte du tailleur dont je vous ai parlé. Nous venons d'obtenir la légère faveur de changer de prison grâce à « certains arrangements » que Fleury a pris avec l'agent subalterne du tyran, arrangement dans lesquels la justice et l'humanité n'ont aucune part. Un pays n'est-il pas bien misérable, lorsque sa seule ressource est dans les vices de ceux qui gouvernent ?...

Bicêtre, à Amiens, 18 novembre 1793.

Nous voilà donc encore logées *à la Nation*, c'est-à-dire dans la prison commune du département,

avec les voleurs, les vagabonds, les maniaques
enfermés par l'ancienne police et les gens suspects
arrêtés récemment par la nouvelle. Je vous écris à
l'extrémité d'une sorte de grange, longue de
soixante ou soixante-dix pieds ; les interstices des
tuiles laissent passer le vent et parfois la pluie : un
paravent et quelques rideaux nous séparent seuls
de soixante prêtres, pour la plupart âgés, malades
et aussi misérables que possible, mais pieux et
résignés...

Ce n'est qu'après beaucoup de délais et de dés-
appointements que Fleury a pu obtenir un ordre
signé du représentant pour notre transfert à
Amiens, sous la surveillance de deux gardes nationaux et, naturellement, à nos frais. Tout dans ce
pays a l'aspect du despotisme. A minuit, l'officier
de garde nous réveilla et nous informa que nous
partirions le lendemain. Malgré la difficulté de se
procurer des chevaux et des voitures, il était spécifié que, si nous ne partions pas au jour fixé, nous
ne partirions pas du tout. Il était naturellement
tard lorsque nous avons pu nous procurer deux
méchants cabriolets et un chariot pour les bagages ;
les jours étant courts, nous avons dû coucher à
Dourlens. Arrivées au château qui sert là de prison
d'État, on nous dit qu'il était si plein que nous
ferions mieux de demander au gouverneur[1] la per-

---

mission de coucher à l'auberge. Le gouverneur nous reçut très-poliment et nous accorda facilement notre requête. A la meilleure des misérables auberges de l'endroit, on nous dit que tout était plein, mais qu'un officier malade nous permettrait d'occuper un des deux lits de son appartement (en France, la chose n'est pas inusitée).

Nous avons été fort surprises de reconnaître dans l'étranger qui vint au-devant de nous, la tête bandée et le bras en écharpe, le général X..., ami de madame de... Nous avons eu moins de scrupule à partager sa chambre; nous sommes convenues cependant de nous reposer seulement quelques heures et avec nos vêtements.

Le reste de la soirée se passa en conversation. Nos gardes, ayant quelques connaissances dans la ville et sachant qu'il nous était impossible de nous échapper, eurent la politesse de nous laisser seuls. Le général nous apprit qu'il avait été blessé à Maubeuge, et qu'il était maintenant en congé de santé. Il parla de l'état des affaires publiques comme un homme attaché à sa profession et qui pense que son devoir est de combattre à tout événement, quels que soient les droits et les mérites de ceux qui l'emploient. Il avouait qu'en repous-

après notre visite, guillotiné à Arras pour avoir emprunté de l'argent à un prisonnier. Son crime réel était sans doute d'avoir traité les prisonniers avec trop de considération et d'indulgence; à cette époque, un soupçon de cette espèce équivalait à une condamnation.

sant l'ennemi extérieur, les militaires ne faisaient qu'affermir un pouvoir intérieur infiniment plus redouté, et que la condition de général était une des plus à plaindre. S'il échoue, la disgrâce et la guillotine l'attendent. S'il réussit, il gagne peu de gloire, devient un objet de jalousie, et aide à river les chaînes de son pays.

Il dit que les armées étaient presque toutes pleines de licence et d'insubordination, mais que la discipline politique était terrible. On permet aux soldats de boire, de piller, d'insulter leurs officiers avec impunité; mais toute cabale est rigoureusement réprimée, le plus léger murmure contre un représentant en mission est une trahison, et celui qui désapprouve un décret de la Convention est puni de mort. Tout homme marquant de l'armée est entouré d'espions, et, s'il quitte le camp pour une raison ou pour une autre, il lui est plus nécessaire de se tenir sur ses gardes contre ces misérables que contre une embuscade de l'ennemi. Le général nous raconta le fait suivant, qui lui est arrivé à lui-même. Après la délivrance de Dunkerque, il était cantonné dans le voisinage de Saint-Omer et allait souvent à la ville pour affaires personnelles. Un jour, qu'il attendait son dîner dans une auberge, deux jeunes gens l'accostèrent et, après quelques instants de conversation générale, commencèrent à parler avec une grande liberté, quoique avec une prudence affectée, des

mesures et des hommes publics, des bandits qui
gouvernaient, de leur tyrannie, de la lâcheté du
peuple, en un mot, de ces vérités piquantes qui
constituent aujourd'hui le crime de lèse-nation.
M. de..., d'abord inattentif, conçut bientôt quelques soupçons et, en jetant les yeux sur une glace
en face de lui, il aperçut entre eux des signes
d'intelligence qui l'éclairèrent tout à fait sur leur
profession. Il appela aussitôt deux dragons qui
l'escortaient, leur ordonna d'arrêter les deux messieurs comme aristocrates et de les conduire sans
cérémonie en prison. Ceux-ci se soumirent, parurent plus surpris qu'effrayés, et, deux heures après,
le général recevait une note d'un pouvoir supérieur
l'invitant à les faire remettre en liberté, car ils
étaient *agents de la république.*

———

Bicêtre, à Amiens, 18 novembre 1793.

Duquesnoy, un des représentants à l'armée du
Nord, est extrêmement ignorant et brutal. Lui et
son frère étaient petits marchands de houblon au
détail, à Saint-Pol. Il a fait de ce frère un général,
et, pour le délivrer des rivaux et des critiques, il
casse, suspend, arrête et envoie à l'échafaud les
officiers de mérite qui peuvent lui porter ombrage.

Après la bataille de Maubeuge, il arrêta le général Bardell [1] pour avoir fait donner un lit à un prisonnier blessé de distinction (je crois, un parent du prince de Cobourg) ; il arracha aussi les épaulettes des généraux dont les divisions n'avaient pas soutenu le combat aussi bien que les autres. Son tempérament naturellement sauvage est exalté jusqu'à la rage par l'abus des liqueurs fortes. Le général de... nous assure qu'il l'a vu lui-même prendre aux cheveux le maire d'Avesnes, un vieillard vénérable, qui lui présentait quelque pétition regardant la ville, et le jeter à terre avec des gestes de cannibale.

Le général nous donna, en outre, quelques tristes détails de famille : en retournant au château de son père, où il espérait se faire soigner de ses blessures, il trouva toutes les chambres sous les scellés, trois gardes en possession de la maison, ses deux sœurs arrêtées à Saint-Omer, où elles se trouvaient en visite, son père et sa mère enfermés séparément dans des maisons de détention d'Arras. Après les avoir visités et avoir fait des démarches inutiles pour obtenir leur liberté, il vint dans le voisinage de Doullens, espérant trouver un asile chez un oncle qui, jusque-là, avait échappé à la persécution contre les nobles. Son oncle avait été emmené le matin même à Amiens ;

---

[1] Les généraux Bardell, d'Avesnes, et plusieurs autres furent ensuite guillotinés à Paris.

la maison était rendue inaccessible par les scellés
et les gardes. Exclu ainsi de ses habitations de
famille, il s'était arrêté pour un jour ou deux à
l'auberge où nous l'avons rencontré, et retournait
à Arras.

Nous avons quitté le général le lendemain et nous
ne sommes arrivés à Amiens qu'à la nuit. Arrivées
à l'hôtel de ville, un des gardes demanda ce qu'on
devait faire de nous; malheureusement Dumont
se trouvait là, et, en apprenant que nous étions
envoyées d'Arras par Lebon, il déclara avec fureur,
(car il est sujet à la colère depuis son arrivée aux
grandeurs), qu'il ne voulait pas de prisonniers
d'Arras, que nous coucherions à la Conciergerie
et que nous serions renvoyées à Lebon le lendemain. Terrifiées de cette perspective, nous per-
suadâmes au garde de représenter à Dumont que
nous étions envoyées à Amiens sur notre demande,
que nous avions été arrêtées par lui, que nous
désirions revenir dans le département où il com-
mandait, y espérant plus de justice qu'à Arras. Il
fut peut-être adouci par cette préférence de son
autorité; car il consentit à nous laisser pour le
présent à Amiens et ordonna de nous conduire à
Bicêtre. Tous ceux qui connaissent la prison de ce
nom à Paris comprendront notre horreur à la
perspective d'une semblable résidence. Madame de..., encore faible de sa maladie, s'attacha
à moi avec un transport de désespoir; mais loin

de la consoler, j'étais moi-même si troublée, que je ne recouvrai le sentiment de notre situation qu'en descendant à la porte. La nuit était sombre et triste, et on nous fit d'abord entrer dans une cuisine semblable aux souterrains de Gil Blas. Là, on commença à fouiller dans nos carnets de poche pour voir si nous n'avions ni lettres ni papiers, et on bouscula nos malles pour chercher des couteaux et des armes à feu. Ceci fait, on nous mena au logement que je vous ai décrit, et les pauvres prêtres, déjà si foulés, durent presque joindre leurs lits pour nous faire place...

———

17 novembre 1793.

Les Anglais ont appris à considérer avec une sainte horreur la Bastille et les autres prisons d'État de l'ancien gouvernement, mais celles de la république ne sont nullement préférables. Il est vrai que, par suite du grand nombre d'arrestations et du manque d'espace, on est forcé d'empiler les prisonniers les uns sur les autres, au lieu de leur interdire toute communication entre eux ; enfin, on ne les nourrit plus sur les fonds publics et ce n'est même que très-difficilement qu'ils se procurent à manger avec leur propre argent ; mais ce sont là les seules différences. Notre habitation actuelle est un immense bâtiment, à un quart de mille de la ville ; autrefois, c'était la prison commune de la province. Par sa situation, elle est humide et malsaine, et l'eau est si mauvaise, qu'un séjour prolongé d'un aussi grand nombre de détenus produira certainement des maladies endémiques. Toutes les avenues sont gardées, et aucun passant ne peut s'arrêter et regarder les fenêtres, sous peine d'être incarcéré lui-même. On nous défend strictement toute relation extérieure autre que par écrit, et tout fragment de papier, ne fût-ce qu'un ordre pour le dîner, subit l'inquisition de trois personnes avant d'arriver à destination : c'est dire qu'il y arrive rarement, car beaucoup de papiers s'égarent dans le cours de l'opération. Il n'y a ni cour ni jardin où les prisonniers puissent se promener ; ils ne peuvent prendre un peu d'exercice que dans d'étroits passages ou dans une petite cour de trente pieds carrés qui sent tellement mauvais, que l'atmosphère de la prison est encore préférable.

Nos compagnons de captivité forment une collection bigarrée, où se rencontrent les victimes de la nature, de la justice et de la tyrannie ; des fous qui n'ont pas conscience de leur situation, des voleurs qui la méritent et des criminels politiques dont les fautes sont l'accident d'une naissance illustre, une grande fortune ou la profession

cléricale. — Parmi ces derniers se trouve l'évêque
d'Amiens, dont je vous ai déjà parlé. Vous serez
surpris de voir ainsi traiter un évêque constitutionnel, autrefois populaire dans le parti démocratique. Le motif réel de son arrestation est probablement le désir de dégrader en sa personne un
ministre de la religion ; le motif ostensible est une
dispute avec Dumont au club des Jacobins. La
situation devenant alarmante, l'évêque jugea politique de paraître au club ; le représentant, l'ayant
rencontré là un soir, commença à lui demander
très-rudement son opinion sur le mariage des
prêtres. M. Dubois répondit que, lorsqu'il lui faudrait s'expliquer officiellement, il le ferait ;
mais qu'il ne pensait pas que le club dût être le
lieu d'une telle discussion, ou quelque chose
d'approchant. — « *Tu prévariques donc ! Je t'arrête
sur-le-champ.* » — L'évêque fut, en effet, arrêté à
l'instant même et conduit à Bicêtre, sans qu'on lui
permît de rentrer chez lui pour prendre le nécessaire ; les scellés ont été placés sur ses effets et on
ne lui a même pas accordé une rechange de linge,
cela à un moment où les pensions du clergé sont
mal payées, où les vêtements sont si chers qu'ils
sont presque inaccessibles aux fortunes modérées,
et où les gens les plus disposés à aider leurs amis
malheureux les abandonnent par crainte d'être
impliqués dans leur disgrâce.

Mais l'évêque, qui est encore dans la force de

l'âge, est plus capable d'endurer cette détresse que les malheureux prêtres auxquels il est associé ; la plupart sont des vieillards vénérables ; leurs robes noires déguenillées, leurs repas insuffisants et leurs misérables lits me font mal à voir. Dieu veuille que le spectacle constant de tant de misères ne me rende pas insensible [1] !...

20 novembre.

Outre la noblesse et le clergé du département, nous avons aussi pour compagnons un certain

[1] Notre situation à Bicêtre, bien que terrible pour des gens peu habitués à la prison, aux privations et à une foule d'inconvénients personnels, était cependant l'existence d'un élysée comparée aux prisons des autres départements. A Saint-Omer, les prisonniers étaient souvent dérangés la nuit par des hommes coiffés de bonnets rouges et la pipe à la bouche, qui venaient, comme espièglerie, fouiller leurs poches et leurs malles. A Montreuil, la maison d'arrêt était placée sous la direction d'un commissaire dont la conduite avec les prisonnières était trop atroce pour être racontée. Deux jeunes femmes en particulier, qui refusèrent d'*acheter* un traitement plus doux, furent enfermées dans une chambre pendant dix-sept jours. — Peu après notre départ d'Arras, notre prison devint un antre d'horreurs ; l'avarice, la cruauté et le libertinage des agents de Lebon dépassent toute imagination. Quelquefois les prisons étaient tout à coup entourées par une force armée, et on envoyait les détenus dans la cour, en plein cœur d'hiver, pendant qu'on les dévalisait de leurs carnets, boucles, anneaux, boucles d'oreilles, en un mot, de tous les articles de valeur, qu'ils possédaient ; d'autres fois, on venait, avec le même appareil militaire, leur voler leur linge et leurs

nombre d'habitants de Lille, arrêtés dans des circonstances singulièrement atroces. Au mois d'août dernier, on promulgua un décret qui obligeait toute la noblesse, le clergé, leurs domestiques et tous ceux qui avaient été au service des émigrés, à quitter Lille avant quarante-huit heures, et leur ordonnait de résider au moins à vingt lieues de la frontière. Ainsi chassés de leurs propres habitations, ils se réfugièrent dans différentes villes, à la distance prescrite; mais, à peine arrivés, et après les premières dépenses d'installation, ils furent arrêtés comme étrangers et conduits en prison...

habits, leur vin et leurs provisions. On séparait les femmes de leurs maris, les parents de leurs enfants; on traitait les vieillards avec la barbarie la plus sauvage, et les jeunes femmes avec une indécence encore plus affreuse. Toutes les communications avec l'extérieur, par écrit ou autrement, furent prohibées pendant de longs jours, et on donna même une fois l'ordre de ne laisser entrer aucune provision, ordre qui ne fut révoqué que lorsque les prisonniers se trouvèrent dans la détresse la plus absolue. A l'Hôtel-Dieu, on leur défendait de tirer plus d'une cruche d'eau en vingt-quatre heures. A la Providence, le puits resta sans corde pendant trois jours, et, lorsque les prisonniers parvinrent à faire demander de l'eau aux voisins, ceux-ci refusèrent. «parce que c'était pour des prisonniers et que, si Lebon le savait, cela pourrait lui déplaire. » Les fenêtres furent condamnées, non pour prévenir la fuite des détenus, mais pour les priver d'air. Lorsque la disette générale rendit impossible aux prisonniers de se procurer une nourriture suffisante pour se soutenir, leur portion fut encore diminuée à la porte, sous prétexte de chercher des lettres, etc. Des gens respectables par leur rang et leur caractère furent employés à nettoyer les prisons et les privés, tandis que leurs tyrans, bas et insolents, les regardaient et les insultaient. Pendant qu'une des maisons d'arrêt brûlait, des gardes furent placés alentour avec l'ordre de tirer sur tout ce qui tenterait de s'échapper.

Les habitants de Lille, qui avaient rendu un tel service en arrêtant la marche des Autrichiens, pétitionnèrent longtemps sans succès pour obtenir les sommes déjà votées pour leur venir en aide. Aussitôt qu'on sut que les gens arrêtés étaient Lillois, on les traita avec une rigueur particulière. Une *armée révolutionnaire*[1], avec la guillotine pour étendard, a dernièrement accablé la ville et les environs de Lille comme si c'était un pays conquis. La garnison et la garde nationale, indignées des horreurs commises par ces troupes, les ont obligées à décamper. Les habitants de Dunkerque, qui

---

[1] *L'armée révolutionnaire* fut d'abord levée par *ordre* des jacobins dans le but de rechercher les provisions cachées dans les campagnes et de les amener à Paris. Sous ce prétexte, on assembla les bandits les plus furieux, on les divisa en compagnies ayant chacune une guillotine, et on les distribua dans les différents départements; ils avaient une paye extraordinaire et paraissent n'avoir été soumis à aucune discipline. Beaucoup d'entre eux, pour se distinguer, avaient peint sur leur boîte à cartouches une guillotine en miniature avec une tête fraîchement coupée. Il serait impossible de décrire la moitié des énormités commises par ces brigands; ils étaient regardés partout comme un fléau et tout tremblait à leur approche. Lecointre, de Versailles, membre de la Convention, raconte qu'une bande de ces misérables entra la nuit chez un de ses fermiers, lia toute la famille par les mains et les pieds et plaça le fermier, les pieds nus, sur un réchaud de cendres brûlantes pour le forcer à dire où il avait caché son argenterie et son or. S'étant emparé de tout, ils lâchèrent le robinet de tous les tonneaux et se retirèrent.

Cela n'était pas un vol et les acteurs n'étaient pas simplement des voleurs : tout cela était fait dans la forme ordinaire, « au nom de la loi » et pour le service de la république; je ne mentionne cet exemple comme remarquable que parce qu'il a été dénoncé à la Convention.

tinrent tête aux Anglais pendant que l'armée française se réunissait pour venir à leur secours, et
dont la résistance a eu peut-être plus de conséquence que dix victoires, ont été, depuis, persécu-
tés par des commissaires, des tribunaux et par la
guillotine, comme s'ils étaient convaincus d'avoir
vendu la ville. En un mot, sous cette république
philanthropique, la persécution semble croître en
raison directe des services rendus...

———

22 novembre.

Nous nous sommes promenées aujourd'hui dans
la cour avec le général Laveneur qui, pour une action qui lui ferait honneur en tout autre pays, est
ici suspendu de son commandement. Lorsque Custine quitta l'armée, quelques semaines avant sa
mort, pour visiter quelques villes voisines, le commandement échut à Laveneur; il reçut, entre autres papiers officiels, une liste de contre-seings
faits sans doute depuis quelque temps et qui n'a-
vaient pas été altérés selon les changements du
jour. Ils contenaient, entre autres, les mots : *Condorcet* — *Constitution*, et ils furent donnés comme
les autres. Au procès de Custine, cela fit partie de
l'accusation. Laveneur, se souvenant que le fait

s'était produit en l'absence du général, pensa devoir prendre le blâme sur lui-même et écrivit à Paris pour expliquer comment le fait s'était passé. Mais sa candeur, sans sauver Custine, attira la persécution sur lui-même, et la seule réponse qu'il reçut à sa lettre fut un ordre d'arrestation. Il fut traîné de ville en ville comme un criminel, souvent logé dans des donjons et des prisons communes, et enfin déposé ici.

Comme les agents de la république ne pèchent jamais par omission, ils arrêtèrent l'aide de camp de M. Laveneur avec son général; un autre officier de sa connaissance, suspendu et qui vivait à Amiens, partagea le même sort pour avoir tenté de lui procurer quelque adoucissement. Ce gentilhomme avait prié Dumont de permettre au domestique du général l'entrée et la sortie de la prison, pour faire les commissions de son maître. Après avoir déjeuné ensemble et conversé en termes très-polis, Dumont lui dit : « Puisque tu es si plein de compassion pour l'état du général, tu iras lui tenir compagnie. » Et, à la fin de la visite, l'officier trop zélé fut conduit à Bicêtre. — Peut-être que la majorité des trois ou quatre cent mille personnes détenues comme suspectes ont été arrêtées sous des prétextes aussi frivoles...

Nous n'avons aucun moyen de faire du feu; parfois, nous sommes gelés par les vents coulis des portes et du toit; d'autres fois, nous sommes écœurés et défaillants au milieu de l'air malsain produit par tant d'êtres vivants. L'eau que nous buvons est aussi mauvaise que l'air que nous respirons ; le pain (qui maintenant est partout rare et mauvais), contient un tel mélange d'orge, de seigle, de blé avarié et de rebuts de toutes sortes que, loin d'être nourrie, il me semble que je perds tous les jours mes forces et mon appétit...

Un pauvre vieux prêtre me raconte, pendant qu'Angélique raccommode sa soutane avec du fil blanc, qu'ils avaient laissé dans leur ancienne prison beaucoup de linge et d'autres objets ; mais, par ordre de Dumont, il leur a été défendu de rien prendre avec eux. On a même menacé le gardien de révocation pour avoir fourni une chemise à l'un d'entre eux...

J'ai été étonnée de rencontrer ici quelques officiers hollandais. J'apprends qu'ils étaient dans la ville, prisonniers sur parole, et que Dumont les a envoyés ici parce qu'ils n'avaient pas voulu permettre à leurs hommes de travailler aux fortifications. Le gouvernement français et ses agents méprisent les lois observées jusqu'ici à la guerre ; ils les considèrent comme une sorte d'*aristocratie militaire* et prétendent, d'après les mêmes principes, être affranchis de la loi des nations. Un orateur de la Convention se vantait dernièrement d'être infiniment supérieur aux préjugés de Grotius, Puffendorff et Vatel, qu'il appelait l'*aristocratie diploma-*

tique. Ces esprits sublimes croient surpasser le reste de l'humanité parce qu'ils en diffèrent ; comme Icare, ils tentent de voler et se débattent dans la fange...

Tous ceux qui ont suivi le cours de la révolution française seront convaincus que les plus grands maux ont été causés par ce mépris affecté des maximes reçues. Des bandits vulgaires n'agissant que par le désir du pillage ou des hommes égarés par l'ignorance n'auraient pas subjugué un peuple entier ; ils y ont été aidés par des philosophes à l'esprit étroit, prêts à sacrifier leur patrie à la vanité de faire des expériences, peu soucieux de savoir si leur système était bon ou mauvais, pourvu qu'ils fussent célèbres comme en étant les auteurs. Que sont-ils aujourd'hui ? Errants, proscrits, ils tremblent de partager le sort de leurs disciples et de leurs complices. Les brissotins, sacrifiés par un parti encore pire qu'eux-mêmes, sont morts sans exciter ni pitié, ni admiration ; leur chute a été considérée comme la conséquence naturelle de leur élévation ; le courage qu'ils ont montré devant la mort n'a obtenu qu'un simple et froid commentaire dans les nouvelles du jour et aussi vite oublié qu'elles.

Décembre 1793.

La nuit dernière, nous avons été éveillés par un trépignement de pieds, et nous avons entendu tirer les verrous de notre porte. Nous vîmes entrer dans la chambre un homme de mauvaise mine, accompagné de soldats portant des épées nues et d'un grand chien. Toute cette compagnie marcha processionnellement jusqu'au bout de l'appartement, observant en silence les lits des deux côtés, puis elle nous quitta. Il ne sera pas facile de décrire ce que nous avons souffert en ce moment. Je pensai aux massacres de septembre, aux fréquentes propositions des jacobins pour *dépêcher les suspects*, et je m'apprêtais à terminer mon existence *révolutionnairement*. J'ignore le but de ces visites; elles sont, paraît-il, assez fréquentes, et sont sans doute ordonnées simplement pour alarmer les prisonniers...

La prison, si l'on considère combien de Français elle contient, est assez tranquille; mais nous ne sommes ni très-sociables ni très-gais. L'intérêt commun établit une sorte d'intimité entre les habitants du même appartement; les autres se rencontrent sans échanger autre chose qu'une politesse silencieuse, quoique significative. Parfois on voit deux malheureux aristocrates parlant politique à l'extrémité d'un passage; ici et là quelques femmes *en déshabillé* se racontent le sujet de leur emprisonnement. On saisit à l'occasion quelques notes étouffées d'un air proscrit, mais on n'entend jamais le son profane de *la Carmagnole* ou de *la Marseillaise*, qui nous paraîtraient plus dissonantes qu'un cri de guerre indien. On ne trouve guère d'apparence de gaieté que chez les idiots et les lunatiques. « Je m'ennuie furieusement » est l'exclamation générale, et cette phrase résume peut-être toute la souffrance de mes compagnons de captivité. La perte de la liberté ne me paraît pas avoir le même effet sur un Français que sur un Anglais. Je ne sais si cela vient d'une cause politique ou de l'indifférence naturelle du caractère français ; les deux raisons existent sans doute. Mais quand j'observe cette facilité d'esprit générale et nullement particulière aux hautes classes, je ne puis m'empêcher de penser qu'elle est plus un effet de leur disposition originelle que de leur forme de gouvernement...

Amiens, Providence, 10 décembre 1795.

Vous voyez que nous avons encore une fois changé d'habitation, et cela sans nous y attendre, presque sans le désirer. Je suis peu disposée à être plus satisfaite d'une prison que d'une autre : mais cependant, la commodité extérieure étant de quelque importance, nous avons, sous beaucoup de rapports, gagné au change. Notre résidence actuelle est un bâtiment spacieux, un ancien couvent, et bien qu'il contienne deux ou trois cents personnes de plus que de raison, nous y sommes cependant mieux logées qu'au Bicêtre. Nous avons un grand jardin, de bonne eau; et, par-dessus tout, la liberté de donner nous-mêmes nos lettres et nos messages, en présence des gardes, à ceux qui s'aventurent jusqu'à nous. Madame de... et moi avons une petite cellule où nous pouvons juste placer nos deux lits, et nos femmes sont obligées de coucher dans un passage voisin.

Nous étions un soir à Bicêtre lorsqu'un gardien nous informa tout à coup que Dumont avait envoyé quelques soldats avec l'ordre de nous mener pour la nuit à la Providence. D'abord plus surprises que satisfaites, nous fîmes notre bagage aussi vite que possible, pendant que les hommes d'escorte s'exclamaient *à la française* sur le délai insignifiant qui s'ensuivit. Nous trouvâmes Fleury à la porte avec quelques commissionnaires pour nos effets, enchanté de nous avoir procuré une prison plus décente; il paraît qu'il n'avait pas pu se faire au nom de Bicêtre. Nous avions un demi-mille de marche, et en route, il parvint à nous raconter par quels moyens il avait sollicité cette faveur de Dumont.

Il s'était concerté d'abord avec quelques amis de madame de..., encore en liberté, mais aucun ne voulut agir par crainte de se compromettre. Il découvrit alors une ancienne connaissance dans la femme de chambre d'une des maîtresses du représentant. Ceci est un ressort qui mettrait toute la Convention en mouvement. Il profita si bien de ce patronage féminin, qu'en quelques jours il obtint un ordre de nous transférer ici. A notre arrivée, on nous dit, comme toujours, que la maison était pleine et qu'il était impossible de nous admettre. Nous avons passé la nuit assises chez le gardien, avec quelques personnes arrivées en même temps que nous, et, le lendemain, après quelques disputes et un dérangement général de tous les autres habitants, on parvint à nous « nicher » comme je vous ai dit.

J'ai employé ces deux jours à augmenter et à rendre plus lisibles les notes prises dans ma dernière prison; car je n'osais écrire qu'au crayon, avec des caractères de mon invention et une foule de précautions. Ici je serai moins exposée à être surprise, et je continuerai mes remarques comme d'habitude...

Providence, 20 décembre 1795.

« Tous les lieux visités par l'œil de la Providence sont un port heureux pour l'homme sage. » — Si la philosophie de Shaskspeare est orthodoxe, il faut avouer que les Français ont droit à la réputation de peuple sage. Vous savez que je leur ai toujours contesté leur prétention à la gaieté universelle ; cependant, je reconnais que le malheur ne les prive pas de la portion qu'ils en possèdent : ils ont du moins, plus que toute autre nation, l'habitude de trouver des sources de satisfaction dans la situation la plus précaire. Nous sommes ici six ou sept cents, de tout âge et de tous rangs, arrachés de nos foyers, privés du confortable de la vie et souffrant toutes sortes de misères; et malgré cela nous jouons du violon, nous nous habillons, nous faisons des vers et nous nous rendons visite aussi cérémonieusement que si rien ne nous troublait. Nos élégants, après s'être correctement frisés et poudrés derrière quelque porte, complimentent les belles dames sur des toilettes faites dans une cuisine. On empile trois ou quatre lits les uns sur les autres pour faire place aux tables de jeu; et les beaux esprits de la prison, qui le matin écrivent de tristes placets pour obtenir leur liberté, le soir célèbrent en bouts rimés et en acrostiches les hasards des cartes.

J'ai vu ce matin au corps de garde un âne
chargé de violons et de musique, et une prisonnière n'arrive jamais sans sa boîte de rubans.
Étouffés comme nous le sommes par le nombre,
nous n'en subissons pas moins une importation
journalière de bichons qui forment une part aussi
importante de la communauté dans une prison
que dans le plus superbe hôtel. Le valet fidèle suit
moins la fortune de son maître pour partager sa
détresse que pour contribuer à son plaisir en or-
nant sa personne ou plutôt sa tête ; car, excepté la
coiffure, les *beaux* ici ne sont pas très-soignés dans
leur costume. En un mot, il y a dans le caractère
français une indifférence, une frivolité qui, dans
les circonstances présentes, sont incompréhen-
sibles.

Cependant, malgré cette légèreté extérieure, ce
sont des gens très-prudents, et, tout en paraissant
supporter avec un extrême courage les maux de la
vie, il y a certaines circonstances dans lesquelles
leur sensibilité ne peut pas être mise en doute.
S'il s'agit de la mort d'un parent ou de la perte de
la liberté, j'ai remarqué que quelques heures suffisent *pour prendre son parti ;* mais, lorsque sa
fortune a souffert, le Français le plus léger est au
désespoir pendant de longs jours. Quand il a quelque chose à perdre ou à gagner, son indifférence
caractéristique s'évanouit ; son attention se concentre mentalement, sans pourtant effacer son sou-

rire habituel. Il peut parfois être déçu par défaut de jugement, mais rarement, je crois, par défaut d'attention ; et, en matière d'intérêt, un petit-maître de vingt-cinq ans peut tenir tête à toute une synagogue. Cette disposition ne s'étend pas seulement aux affaires graves, mais aussi aux objets les plus minimes. La même économie s'exerce depuis l'ensemble d'un grand domaine jusqu'à une ruche ou à un nid de poules.

Il y a en ce moment une disette générale, et les prisonniers en souffrent particulièrement ; nous ne pouvons même pas nous procurer du pain mangeable, et il est curieux d'observer avec quelle circonspection chacun parle de ses ressources. Le possesseur de quelques œufs a bien soin de ne pas les exposer aux yeux de son voisin, et une tranche de pain blanc est un don d'une telle importance que celui qui peut s'en procurer donne rarement à ses amis la peine d'accepter ou de refuser.

Madame de... a été indisposée pendant quelques jours, et je ne pus m'empêcher de suggérer à un de ses parents, que nous avons rencontré ici et qui reçoit souvent du pain de la campagne, que le pain que nous mangeons est particulièrement malsain pour la pauvre dame ; je n'obtins qu'un regard plein d'appréhension et de refus et cette froide remarque « qu'il était bien difficile de se procurer du bon pain ; que c'était très-malheureux... »

Si l'économie est pratiquée ainsi chez les riches

et les nobles, vous pouvez aisément conclure que
les classes moyennes et les gens de petites ressources sont encore plus sujets à son influence.
Un ménage français est un traité pratique de l'art
d'épargner ; l'esprit d'économie en dirige toutes
les parties, et cela est si général, si constant,
qu'un voyageur en est moins frappé qu'il ne le
serait par des exemples isolés. Cette habitude, étant
réelle et non pas seulement apparente, ne paraît
pas l'effet d'un raisonnement ou d'un effort, mais
plutôt celui d'une inclination et du cours naturel
des choses.

Toutes les dépenses, thés, déjeuners, dîners
impromptus, sont évitées avec soin ; un déjeuner
en forme est inusité même pour la famille, et il y
a peu de maisons où vous pourriez dîner sans être
engagé à l'avance. Je suis certaine qu'à part les
très-grandes maisons, la consommation journalière
est calculée si exactement que la présence inopinée
d'un étranger serait sentie par toute la famille,
Je dois dire cependant qu'en de telles occasions et
lorsque la chose est inévitable, les maîtres de maison font la meilleure mine possible et que l'hôte
est reçu, sinon abondamment et avec une bienve-
nue très-sincère, au moins avec force sourires et
compliments.

Mes idées sur le caractère des Français et sur leur
manière de vivre peuvent n'être pas inutiles pour
ceux de mes compatriotes qui viennent en France

dans le but de relever leurs affaires ; car ils doivent
se persuader que ce n'est pas seulement la différence de prix des choses qui rend une résidence
ici plus économique, mais aussi les habitudes du
pays. Si une fausse honte ne les empêchait pas
d'adopter le même système en Angleterre, ils pourraient atteindre leur but sans quitter leur pays. Les
Anglais qui amènent ici des domestiques anglais
et persistent dans leur manière de vivre anglaise,
ne tirent pas de leur exil un avantage très-solide,
et leur séjour en France est plutôt un abri contre
leurs créanciers qu'un moyen de payer leurs
dettes...

Providence, 6 janvier 1794.

Outre les changements malfaisants d'une révolution philosophique, vous aurez appris par les journaux que les Français ont adopté une ère nouvelle
et un nouveau calendrier ; l'un datant du commencement de leur république ; l'autre, fabriqué d'après
le climat de Paris et les productions du territoire
français. Je doute cependant que ces nouveaux fai-
seurs d'almanachs créent autant de confusion qu'on
peut le supposer ; car je ne vois pas que leur sys-

tème fasse de grands progrès en dehors des bureaux publics. Les paysans sont particulièrement réfractaires et persistent à tenir leurs foires et leurs marchés aux époques ordinaires, sans faire attention aux décades sacrées de leurs législateurs. L'humanité est en général plus attachée à ses habitudes qu'à ses principes. Le despotisme utile de Pierre le Grand, qui a effacé tant de préjugés chez ses compatriotes, n'a pu venir à bout de couper leur barbe ; et il ne faut pas croire que, malgré toute la patience des Français, ces tentatives perpétuelles d'innovation passent sans murmures. Mais comme ces murmures ne sont que l'effet spontané de souffrances personnelles et non pas de manœuvres politiques, ils sont sans concert ni union ; par suite, aisément ils sont étouffés et ne servent qu'à affermir le gouvernement. Dernièrement, le peuple d'Amiens, dans un moment d'effervescence et de mécontentement, a brûlé un arbre de la Liberté, et Dumont, le représentant, a été menacé ; mais ce sont seulement les coups d'un poltron qui a peur de sa propre témérité et en redoute le châtiment[1]. Ce crime, dans le code révolutionnaire, est d'une

---

[1] Toute la ville de Bedouin, dans le sud de la France, fut brûlée sur un décret de la Convention pour expier l'imprudence de quelques habitants qui avaient coupé un arbre de la Liberté, *mort.* Plus de soixante personnes furent guillotinées comme complices et leurs corps jetés dans des fosses creusées avant leur mort par l'ordre de Meignet, représentant alors en mission. Aux exécutions succédèrent l'embrasement de toutes les maisons, l'emprisonne-

nature très-sérieuse, et, quelque léger qu'il puisse vous paraître, il n'a tenu qu'à Dumont en cette circonstance de sacrifier un grand nombre de vies. Mais Dumont, quoique transformé en tyran par les circonstances, n'est pas sanguinaire ; il est, par nature et par éducation, passionné et grossier, et, en d'autres temps il n'aurait peut-être été qu'un *polisson bon enfant*. Jusqu'ici, il s'est contenté d'alarmer les gens, de les dégoûter de la vie ; mais je ne crois pas qu'il ait, directement ou intentionnellement, causé la mort de personne. Il a été si souvent le héros de mes aventures, que je vous en parle sans songer qu'il est par lui-même trop insignifiant, malgré son pouvoir dictatorial ici, pour être connu en Angleterre. Son histoire est celle des deux tiers de la Convention : il a débuté par être clerc d'un procureur à Abbeville, et il s'établit ensuite pour son compte dans un village voisin. Sa jeunesse n'avait pas été des plus correctes, sa profession était loin de lui fournir des moyens de subsistance, et la révolution, qui semblait faire appel à tous les gens turbulents, nécessiteux et sans principes, trouva naturellement un partisan dans un procureur sans clients.

nement ou la dispersion de leurs possesseurs ; beaucoup d'habitants furent forcés, sur l'ordre exprès de Meignet, d'être spectateurs du meurtre de leurs amis et de leurs parents. » (V. à ce sujet Roux et Buchez, *Histoire parlementaire*, t. XXXIII, p. 68, et t. XXXV, p. 214. Note du traducteur.)

Aux élections de 1792, quand la chute du roi et la domination des jacobins eurent répandu une terreur si générale qu'aucun homme d'honneur ne pouvait plus se présenter aux fonctions publiques, Dumont profita de cette timidité et de cette indifférence de ceux qui auraient dû être représentants du peuple. Par son talent d'intrigue et une sorte de phraséologie facile et grossière (car il n'a pas de prétentions à l'éloquence), il parvint à se faire élire par la foule. Ses connaissances locales, son activité, son habileté subalterne en firent un comparse utile pour tous les partis au pouvoir, et, après la chute des brissotins, il parvint à se faire confier le gouvernement de ce département et de quelques départements voisins. Il se présenta comme un républicain zélé et un apôtre de la doctrine d'égalité universelle. Cependant il réunit dans sa personne toutes les attributions du despotisme, et vit d'une manière plus luxueuse et plus dispendieuse que la plupart des ci-devant nobles. Son ancienne habitation à Oisemont n'était guère qu'une bonne grange; mais le patriotisme est plus profitable ici qu'en Angleterre, et il vient d'acheter une grande maison appartenant à un émigré. Autrefois, il voyageait en diligence ou dans le *coche d'eau;* aujourd'hui, il ne se déplace qu'en voiture à quatre chevaux, et se fait accompagner souvent par un cheval de main et un piquet de dragons...

———

Janvier 1794.

La suppression totale de tout culte religieux dans ce pays est un événement trop important et d'une nature trop singulière pour n'avoir pas été longuement commenté dans les journaux anglais, et il a tenu trop de place dans mes réflexions pour être passé ici sous silence, bien que j'aie peu de choses nouvelles à ajouter à ce sujet... Voici quelques extraits du rapport d'Anacharsis Clootz, membre du comité d'instruction publique, rapport imprimé par ordre de la Convention :

« Nos sans-culottes n'ont pas besoin d'autres sermons que les Droits de l'homme, d'autres doctrines que les préceptes et la pratique de la constitution, d'autre église que le lieu où la section et le club tiennent leurs réunions.

. . . .

« On a écrit des volumes pour savoir si une république d'athées pouvait exister. Je maintiens que toute autre république est une chimère. Si vous admettez l'existence d'un souverain céleste, vous introduisez le cheval de bois dans vos murs. Ce que vous adorez le jour sera votre destruction la nuit.

« Un peuple de déistes arrive nécessairement à croire à la révélation, c'est-à-dire qu'il devient esclave des prêtres, ceux-ci n'étant que des entremetteurs religieux et les médecins des âmes damnées.

« Si j'étais un coquin, je me ferais un devoir de déclamer contre l'athéisme, car un masque religieux est très-commode pour un traître.

« L'intolérance de la vérité proscrira un jour jusqu'au nom de temple, *fanum*, étymologie de *fanatisme*.

« Nous verrons prochainement la monarchie du ciel condamnée à son tour par le tribunal révolutionnaire de la Raison victorieuse ; car la Vérité, élevée sur le trône de la Nature, est souverainement intolérante.

« La république des droits de l'homme n'est pas, à proprement, déiste, ni athée, — elle est nihiliste... »

. . . .

Dans les départements, lorsqu'on doit célébrer la fête de la Raison, un député arrive quelques jours avant la cérémonie, accompagné de la déesse (si la ville ne peut pas elle-même en fournir une convenable). On la pare d'une tunique romanie en satin blanc empruntée au théâtre, sa tête est couverte d'un bonnet rouge orné de feuilles de chêne, un bras est appuyé sur une charrue, l'autre saisit une lance ; son pied pose sur un globe et elle est environnée des emblèmes mutilés de la féodalité [1].

---

[1] Au Havre, la déesse de la Raison était traînée dans un char par quatre chevaux de charrette ; et comme il parut prudent,

Ainsi équipée, la divinité avec ses appendices est portée sur les épaules de jacobins en bonnets rouges ; elle est escortée par la garde nationale, le maire, les juges, toutes les autorités constituées qui, amusés ou indignés, sont forcés de garder extérieurement une gravité respectueuse. Quand tout le cortége arrive au lieu désigné, la déesse est placée sur un autel érigé pour cette occasion ; de là elle harangue le peuple, qui, en retour, lui offre ses adorations et chante *la Carmagnole* et d'autres hymnes républicains de la même espèce. La procession se rend ensuite dans le même ordre à l'église principale, et on renouvelle la même cérémonie dans le chœur. On tâche de se procurer un prêtre qui abjure publiquement sa foi et déclare que le christianisme tout entier est une imposture[1] ; puis la fête se termine par un auto-da-fé général de livres de prières, de saints, de confessionnaux, enfin de toutes les choses appropriées au culte public. La

pour empêcher les accidents, de faire conduire les chevaux par ceux auxquels ils étaient habitués. les charretiers furent aussi réquisitionnés. On leur fournit des cuirasses à l'antique empruntées au théâtre ; mais les hommes n'étant pas, à ce qu'il paraît, au fait de l'équipement. pensèrent que c'était un gilet de cérémonie, mirent le devant derrière et les agrafes par devant, à la grande joie de quelques assistants qui s'apercevaient de l'erreur.

La déesse ambulante des principales villes du département de la Somme était la maîtresse d'un nommé Taillefer. général républicain et frère du député de ce nom.

[1] Il faut dire. à la louange du clergé français, qu'on trouvait très-rarement un prêtre qui se prêtât à cette infamie. On louait alors pour ce rôle un homme qu'on revêtait d'un habit ecclésiastique

plupart des assistants regardent pleins de terreur
et d'étonnement silencieux ; d'autres, ivres, ou
payés probablement pour jouer cette farce scandaleuse, dansent autour des flammes d'une façon frénétique et avec une gaieté sauvage.. .   .   .   .

.   .   .   .

Des colonnes portant cette inscription : « La mort
est un sommeil éternel, » sont érigées dans beaucoup de cimetières publics. Les cérémonies des
funérailles se bornent à placer le corps dans quelques planches grossières, et à l'expédier par deux
porteurs vêtus de leur habit ordinaire et accompagnés d'un officier municipal. Ce dernier inscrit
sur un registre le nom du défunt, qui est jeté ensuite dans une fosse préparée pour une douzaine
de corps, et tout est terminé...

Providence, 29 janvier 1794.

Nous sommes maintenant tout à fait habitués à
notre situation, qui est assez misérable. Nous sommes sans feu et nous avons nos matelas par terre ;
mais cependant nous adoptons l'esprit du pays, et
une absence totale de confortable ne nous empêche
pas de nous amuser. Mon amie tricote et dessine
des paysages sur le dos des cartes à jouer, et je

suis entrée en correspondance avec un vieux libraire qui m'envoie des traités de chimie et de fortification, au lieu de poésies et de mémoires.

J'ai tenté d'abord d'emprunter des livres à mes compagnons; mais cette ressource a été vite épuisée, et la prison tout entière ne m'a guère fourni qu'un roman de Florian, le *Voyage du jeune Anacharsis*, et quelques romans philosophiques de Voltaire. Ils disent que cela les ennuie de lire ; ceux qui lisent emportent leur livre au jardin et recherchent les allées les plus peuplées. Ces personnes studieuses, dont la puissance d'abstraction dépasse celle de Crambo lui-même, sourient et saluent à chaque virgule, sans paraître le moins du monde dérangées par ces interruptions fréquentes.....

La persécution qui avait été dirigée contre la noblesse semble un peu diminuée et se tourne à présent contre la religion et le commerce. Des gens sont arrêtés tous les jours pour avoir assisté à des messes privées, ou parce qu'ils possèdent des images et des livres religieux. Des marchands sont envoyés ici comme accapareurs; les détaillants aussi, sous divers prétextes, pour donner aux comités l'occasion de piller leurs boutiques. Il n'est pas rare de voir des gens de la ville être un jour nos gardiens et le lendemain nos compagnons de captivité. Dernièrement, le fils d'un vieux gentilhomme prisonnier avait été de garde tout le jour ; au lieu d'être relevé à l'heure habituelle, il fut rejoint par sa femme et ses enfants accompagnés de quelques dragons, et toute la famille fut confiée au gardien de la prison. Ils étaient arrêtés sans autre motif que d'avoir présenté une pétition à Dumont en faveur de leur frère.

Un vieillard a été arrêté dernièrement au milieu de la nuit, et amené ici, sous prétexte qu'il avait porté la croix de Saint-Louis. Le fait est cependant qu'il n'avait jamais porté cette distinction compromettante ; mais, bien que sa fille ait pu prouver irrévocablement la chose à Dumont, elle ne put obtenir sa liberté. La pauvre jeune femme, après avoir fait deux ou trois voyages inutiles à Paris, est forcée de se contenter de voir son père de loin en loin à la grille.

Le réfectoire du couvent est occupé par des sœurs de l'hôpital. Une sorte d'ordre religieux chargé de soigner les malades était attaché à beaucoup d'hôpitaux en France ; l'habitude, et peut-être aussi cette association d'un service d'humanité et des devoirs de la religion, avaient rendu ces nonnes si utiles dans leur profession, qu'on leur avait permis de rester à leur poste malgré l'abolition des monastères réguliers. Mais le torrent dévastateur de la révolution a fini par les atteindre ; on les accusa d'accorder plus de sollicitude à leurs malades aristocratiques qu'aux volontaires républicains blessés, et, sur cette accusation singulière, on les entassa dans des charrettes sans le moindre bagage, presque sans habits ; on les envoya d'un département à l'autre et on les distribua dans les différentes prisons, où elles périssent de froid, de maladies et de besoin. Quelques personnes sont ici uniquement parce qu'elles se trouvaient accidentellement dans une maison au moment où le propriétaire a été arrêté[1] ; nous avons ici une famille qui a été arrêtée à dîner, avec tous ses invités ; et l'argenterie dont ils se servaient a été également prise.

Une petite-fille du célèbre de Witt, qui réside à trente lieues d'ici, a été arrêtée la nuit, mise dans une charrette découverte, sans aucun égard pour son âge, pour son sexe ou pour ses infirmités, et malgré la pluie qui tombait à torrents. Après avoir couché sur la paille, dans les différentes prisons qu'elle a rencontrées sur la route, elle a fini par être déposée ici. Comme Flamande, la loi la place dans la même position qu'une très-jolie jeune femme qui a vécu quelques mois à Amiens ; mais Dumont, qui est à la fois le créateur, l'interprète et l'exécuteur de la loi, a exempté cette dernière de la proscription générale et paraît journellement en public avec elle. La pauvre madame de Witt, ayant plus de soixante-dix ans, n'a aucun droit à cette indulgence ; car elle est accusée en outre d'être d'une charité exem-

---

[1] Il n'était pas rare de voir un mandat d'arrêt ordonnant de prendre « le citoyen un tel, et toutes les personnes qu'on trouvera dans sa maison. »

plaire et, ce qui est pire, extrêmement religieuse.
— Je ne vous donne pas ces exemples comme re-
marquables, mais seulement pour que vous vous
fassiez une idée des prétextes qui servent à couvrir
la France de prisons et à conduire à l'échafaud un
bon nombre de ses habitants.....

J'ai été extrêmement frappée, depuis quelques
années, de la différence de caractère des deux nations française et anglaise. A la perspective d'une
révolution, tous les Français qui pouvaient commodément quitter leur pays se hâtèrent de fuir.
Ceux qui restèrent (j'en excepte les aventuriers et
les bandits leurs complices) évitèrent soigneusement de prendre aucune part aux affaires publiques. Nos compatriotes ont si peu de cette apathie égoïste, qu'il n'y en a pas un ici, me dit-on,
qui, au milieu de ses souffrances présentes, ne
regrette d'être absent de l''Angleterre, et cela non
par un motif personnel, mais parce qu'il ne peut
pas s'opposer à l'attaque dont on menace notre
constitution.

———

2 février 1794.

Je ne connais aucun exemple d'une soumission
égale à celle des Français en ce moment, et, « si on
permettait aux ombres de revoir le monde, » celles

de Richelieu et de Louvois pourraient, en voyant fonctionner le Comité de salut public, regretter la modération timide de leur propre politique.

Comment expliquer à un Anglais la doctrine de la réquisition universelle? Je me réjouis que vous ne puissiez rien imaginer de pareil. — Après avoir établi comme principe général que le pays tout entier était à la disposition du gouvernement, des décrets se succédèrent pour réclamer spécifiquement presque chaque personne et chaque chose. Les tailleurs, les cordonniers[1], les boulangers, les forgerons, les selliers et bien d'autres métiers sont tous en réquisition; les chevaux, les voitures et charrettes de toute sorte sont réquisitionnés pour les transports; les celliers et les étables sont réquisitionnés pour l'extraction du salpêtre; les maisons sont réquisitionnées pour loger des soldats ou pour être converties en prison. Parfois on défend aux marchands de vendre des vêtements, des clous, du pain, du vin, de la viande, etc. Il y a des exemples de villes entières privées pendant plusieurs jours des moyens de subsistance par suite de ces in-

---

[1] Afin de prévenir les fraudes, on ordonna aux cordonniers de ne faire que des souliers à talons carrés, et on défendit à toutes les personnes qui n'étaient pas dans l'armée d'en porter de cette forme. Même les gens qui avaient quelques prétentions au patriotisme (c'est-à-dire qui avaient très-peur) ne s'aventuraient pas à porter autre chose que des sabots, les souliers de cuir ayant été déclarés *anticiviques,* si ce n'est *suspects.*

terdictions ; et j'ai entendu proclamer au son du tambour que quiconque posséderait deux uniformes, deux chapeaux ou *deux paires de souliers*, devrait en abandonner un à l'armée.....

Ces mesures, qui ruinent une classe de la société, servent de prétexte pour opprimer et pressurer toutes les autres. Afin de rendre le droit de saisie plus productif, chaque village a ses espions, et les visites domiciliaires deviennent si fréquentes qu'un homme est moins en sûreté dans sa maison que dans un désert au milieu des Arabes. Dans ces occasions, une bande de jacobins, un officier municipal en tête, entre sans cérémonie, parcourt vos appartements. S'ils trouvent quelques livres de sucre, de savon ou tout autre article qu'ils jugent plus que suffisant pour votre consommation immédiate, ils en prennent possession comme d'un objet accaparé, le réclamant pour l'usage de la république, et le propriétaire, terrifié, loin de protester, s'estime encore heureux s'il en est quitte pour si peu. — Ceci est simplement de la tyrannie vulgaire ; un despotisme moins puissant pourrait bannir la sécurité de la vie sociale. L'homme est enclin à tout supporter, et souvent la volonté de faire le mal suffit pour nous donner un plein pouvoir sur le bonheur des autres. Mais le système de la Convention est plus original ; non contente de réduire le peuple à l'esclavage le plus abject, elle exige un semblant de satisfaction et édicte des peines, à des époques déterminées, contre ceux qui refusent de sourire.....

Il y a à Paris de splendides fêtes où chaque mouvement est réglé d'avance par un commissaire ; les départements, qui ne peuvent imiter la magnificence de la capitale, sont obligés néanmoins de témoigner leur satisfaction. Dans toutes les occasions où une réjouissance publique est ordonnée, on garde la même discipline ; et les aristocrates, dont les craintes surmontent généralement les principes, ne sont pas les moins zélés.....

L'extrême despotisme du gouvernement semble avoir confondu tous les principes de bien et de mal, d'honneur et de déshonneur. Les individus de toutes les classes, sensibles seulement à leur danger personnel, acceptent sans répugnance la bassesse et la honte, si par là ils assurent leur sécurité. Un tailleur ou un cordonnier, de réputation trop mauvaise pour gagner leur vie dans une autre profession que celle de patriote, sont assiégés journellement par des gens de qualité, qui sont aussi assidus à leurs petits levers que chez Choiseul ou Calonne au faîte de leur puissance.

Quand un représentant de la Convention est envoyé en mission dans une ville, la tristesse se répand dans tous les cœurs et la gaieté sur tous les visages. Il est assiégé de pétitions adulatrices et de dons intéressés; la noblesse forme une sorte de cour autour de sa personne, et le propriétaire de la mai-

son où il consent à résider s'estime trois fois heureux. S'il est galant, il n'a rien à envier à l'autorité du sultan ou à la licence du sérail. Il est
l'arbitre du sort de toutes les femmes qui lui plai-
sent; on suppose que plus d'une belle captive a dû
sa liberté à ses charmes, et que la philosophie d'un
mari français lui a quelquefois ouvert les portes
de sa prison.

———

2 février 1794.

Dumont, qui est marié et qui en outre ressemble à un nègre blanc, ne nous visite jamais sans
causer une commotion générale parmi les femmes,
particulièrement celles qui sont jeunes et jolies.
Aussitôt qu'on sait qu'il est attendu, les toilettes
sont toutes en activité, on renouvelle le rouge, on
ajuste les frisures, on se pare avec plus de hâte,
mais avec non moins de sollicitude, que pour une
première introduction à la cour. Quand le grand
homme arrive, il trouve la cour d'entrée remplie
de belles captives, et chacune, une pétition à la
main, tente d'attirer son attention ou de mériter
sa faveur par les manéges de la plus habile coquetterie, par un sourire plaintif, ou des larmes judi-
cieuses qui rendent les yeux brillants sans déran-
ger les traits.

Mais cet apôtre de la république ne remarque guère que les femmes de hau... ng ou d'une grande beauté ; celle qui, laide ou mal habillée, ose s'approcher de lui est généralement repoussée avec la plus vulgaire brutalité, et la seule vue d'un suppliant de son sexe le rend furieux. La première demi-heure, il se promène entouré de son beau cortége, et se montre suffisamment poli ; mais à la fin, fatigué probablement par cette importunité continuelle, il perd patience, part et jette les pétitions au feu sans même les ouvrir.....

---

12 février 1794.

Le gouvernement révolutionnaire est, comparé à un gouvernement régulier, ce que la force brutale est à une mécanique ingénieuse, ou ce que les ravages d'une tempête sont aux opérations paisibles ou ordinaires de la nature. Il substitue la violence à la conciliation et balaye avec une fureur précipitée tout ce qui s'oppose à sa course dévastatrice. Il rapporte tout à un principe unique, qui, en lui-même, n'est pas susceptible de définition et qui, comme tous les pouvoirs non définis, oscille incessamment entre le despotisme et l'anarchie. Telle était la figure de la « Mort » dans Milton, « exécrable forme, » si l'on peut appeler ainsi « ce qui n'a pas de forme » et ce qu'on ne peut décrire que par ses effets. Par exemple, le tribunal révolutionnaire condamne sans établir de preuves ; les comités révolutionnaires emprisonnent sans alléguer de charges, et tout ce qui prend le titre de révolutionnaire est exempt de toutes les sujétions qu'imposent l'humanité, la décence, la raison ou la justice. Noyer les insurgés, leurs femmes et leurs enfants par bateaux chargés à comble, cela s'appelle, dans les dépêches adressées à la Convention, une mesure révolutionnaire [1].

A Lyon, il est révolutionnaire d'enchaîner ensemble trois cents victimes devant la gueule de canons chargés, et de dépêcher à coups de crosse et de baïonnette ceux qui survivent à la décharge. A Paris, des jurys révolutionnaires guillotinent tous ceux qui comparaissent devant eux [2]. En ou-

[1] Copie d'une lettre adressée au maire de Paris par un commissaire du gouvernement : « Vous nous ferez plaisir en nous transmettant les détails de votre fête à Paris, à la dernière décade, avec les hymnes qu'on y a chantés. Ici nous avons tous crié : « Vive la République! » comme nous le faisons toujours quand travaille notre sainte mère la guillotine. Depuis trois jours, elle a rasé onze prêtres, un ci-devant noble, une nonne, un général et un superbe Anglais haut de six pieds ; comme il était trop grand de la tête, nous l'avons mise dans le sac. En même temps, huit cents rebelles ont été fusillés aux Ponts-de-Cé, et leurs cadavres jetés dans la Loire. — J'apprends que l'armée est sur la trace des fuyards ; tous ceux que nous attrapons sont fusillés sur place, et en telle quantité que les routes en sont jonchées. »

[2] Vers cette époque, un imprimeur et une femme qui vendait des journaux furent guillotinés pour des paragraphes jugés inciviques.

tre, ce gouvernement est aussi minutieusement vexatoire qu'il est terrible. La propriété n'est pas plus en sûreté que la vie. Partout des comités révolutionnaires séquestrent en gros pour piller en détail. Dans quelques endroits, ils volent tous les objets de valeur; dans beaucoup d'autres, ils extorquent à la terreur du riche des contributions égales presque à la valeur de sa fortune[1]. En un mot, vous devez comprendre d'une façon générale que le système révolutionnaire exclut et remplace la loi, la religion, la moralité, et qu'il met à la disposition des comités du Salut public et de la Sûreté générale, de leurs agents, des clubs jacobins et des bandits subsidiaires, tout le pays et ses habitants...

Toute la prison est au désespoir aujourd'hui. Dumont est venu, et ceux qui l'ont accosté, aussi bien que ceux qui se sont risqués seulement à interpréter ses regards, s'accordent tous à dire qu'il est « de mauvaise humeur. » Les plus beaux yeux de France l'ont supplié en vain; pas une seule grâce n'a été accordée, et nous commençons à chérir même notre situation présente, par crainte de la voir devenir pire. Hélas! vous ne savez pas de quel sinistre présage est « la mauvaise humeur » d'un représentant! Plus de la moitié d'en-

---

[1] En quelques occasions, des gens, particulièrement des marchands riches, furent attachés à la guillotine jusqu'à ce qu'ils eussent payé la somme exigée.

tre nous, aujourd'hui, sont comme le seigneur per-
san de Chardin : ils tâtent si leur tête est encore
sur leurs épaules. Sûrement, cette anxiété continue, cette incertitude de vivre débilite l'âme et
affaiblit même sa faculté de souffrir. Nous intri-
guons pour obtenir les bonnes grâces du gardien,
nous sourions complaisamment aux plaisanteries
grossières d'un jacobin, nous tremblons au fron-
cement de sourcils d'un Dumont....

———

25 février 1794.

La Convention, qui sait qu'on ne peut remédier
à la véritable source du mal (le discrédit des assignats), et qui songe plus à détourner les clameurs
du peuple qu'à subvenir à ses besoins, vient d'a-
dopter une mesure qui, selon toutes les apparences, ruinera une moitié de la nation et affamera
l'autre. Un *maximum*, ou prix extrême, au delà
duquel rien ne peut être vendu, vient d'être pro-
mulgué, sous des peines très-sévères, pour tous
ceux qui oseront le dépasser. Un règlement pareil
doit être par nature extrêmement complexe ; pour
le simplifier, le prix de toute marchandise est fixé à
un tiers au-dessus de ce qu'il était en 1791... Le
résultat a été tel qu'on pouvait l'attendre. La veille

du jour où le décret devait s'exécuter, les marchands ont caché tout ce qu'ils ont pu de leurs denrées; et, quand le jour arriva, le peuple, par multitudes, envahit les boutiques, quelques-uns achetant au maximum, d'autres avec moins de cérémonie; en quelques heures, dans les boutiques, il ne resta guère que les balances et les comptoirs.

Depuis ce moment, les fermiers n'ont apporté ni beurre ni œufs au marché, et les bouchers refusent de tuer comme à l'ordinaire; bref, on ne peut plus rien acheter ouvertement. Les paysans, au lieu de vendre leurs provisions en public, les portent en cachette dans les maisons particulières, en sorte qu'outre le prix exorbitant déjà établi, nous devons leur payer le risque qu'ils encourent en éludant la loi. Une douzaine d'œufs, un gigot, sont maintenant portés d'une maison à une autre avec autant de mystère qu'une caisse d'armes à feu ou une correspondance de conspirateurs. La république tout entière subit en ce moment l'éducation de la jeunesse spartiate, et nous sommes obligés d'avoir recours à la dextérité et à l'intrigue pour nous procurer un dîner.

Nos législateurs, sachant d'avance que ce qu'ils appellent l'aristocratie marchande, c'est-à-dire les commerçants, fermeraient naturellement leurs boutiques quand il n'y aurait plus rien à gagner, ont établi dans une des clauses de leur loi que

personne ne pourrait le faire qu'au bout d'un an.
Mais, comme la loi prescrit seulement de tenir la
boutique ouverte, et ne leur ordonne pas d'avoir
des denrées à vendre, chaque chaland reçoit d'a-
bord une réponse négative, jusqu'à ce qu'une
sorte d'intelligence s'établisse entre lui et le vendeur. Quand le marchand croit pouvoir se fier à la
pratique, il lui dit à voix basse qu'on peut obtenir
certaines denrées, mais non au maximum. De
cette façon, les riches, pour obtenir les nécessités
de la vie, doivent subir toutes sortes de difficultés
et se laisser voler ; et les pauvres honnêtes, qui ne
veulent pas piller ou intimider le marchand, sont
plus embarrassés que jamais.

L'espèce de contrebande que je viens de décrire
est conduite, il faut l'avouer, avec beaucoup de
circonspection, et on ne risque pas d'hostilités
avouées dans les villes. Ceux à qui la grande guerre
du maximum a été déclarée sont les fermiers et les
revendeurs ; car on s'aperçut vite qu'ils portaient
leurs denrées en cachette aux gens qu'ils savaient
disposés à acheter à tout prix plutôt que de ne pas
être fournis. En conséquence, des gardes placées
aux portes reçurent l'ordre d'arrêter toutes les
marchandes de beurre réfractaires, et de les conduire à l'hôtel de ville, où leur marchandise fut
distribuée, sans pitié ni appel, et au maximum, à
ceux de la populace qui criaient le plus fort.

Ces procédés alarmèrent les paysans, et nos

marchés furent désertés. Nouveaux stratagèmes d'un côté, nouvelles attaques de l'autre. Les domestiques allaient la nuit s'approvisionner à des rendez-vous secrets ; quelques-uns ont été mis à l'amende, et d'autres arrêtés. L'examen de toutes les personnes qui entraient venant de la campagne devint plus intolérable que les vexations de l'ancienne gabelle.

On envoie des détachements de dragons pour vider les fermes ; ils arrêtent les fermiers et rapportent en triomphe tout ce que les ménagères récalcitrantes avaient amassé pour un emploi plus profitable. Voilà notre situation, et nous y resterons, je suppose, tant que la loi du maximum sera en vigueur.....

Les maisons de détention, qui étaient déjà insupportables, reçoivent maintenant par surcroît, et jusqu'à encombrement, des fermiers et des boutiquiers soupçonnés de s'être opposés à la loi. La plupart des premiers sont si ignorants qu'ils ne peuvent concevoir qu'aucune circonstance puisse les priver du droit de vendre les produits de leur ferme au plus haut prix possible ; ils regardent le maximum à peu près sous le même jour qu'une loi qui autoriserait le vol et le brigandage. Quant aux boutiquiers, ce sont surtout de petits détaillants qui avaient acheté plus cher qu'ils n'ont vendu, et qui sont emprisonnés maintenant pour ne pas vendre des articles qu'il n'ont pu se procurer. Un dénonciateur de profession ou un ennemi personnel dépose une accusation contre tel marchand, disant qu'il cache les denrées ou qu'il ne vend pas au maximum. Que l'accusation soit vraie ou fausse, si l'accusé n'est pas fonctionnaire ou jacobin, il n'a guère de chances d'échapper à la prison. Il est certain que, si l'on continue à persécuter ces deux classes de citoyens, il s'ensuivra un manque absolu de plusieurs choses de première nécessité ; mais pourvu que Paris et les armées soient fournis, la famine des départements ne sera qu'une expérience intéressante pour les députés humains qui les représentent.

Mars 1794.

Chaque jour semble apporter un malheur de plus. Les nobles, qui avaient échappé au décret si vaste contre les suspects, sont maintenant balayés dans ce département et dans les trois autres voisins, en vertu d'un décret que les représentants Saint-Just, Lebon et Dumont ont lancé de leur autorité privée[1]. Un régime plus sévère sera adopté

---

[1] L'ordre était d'arrêter et de mettre au secret toute la ci-devant noblesse, hommes, femmes et enfants, dans les départements de la Somme, du Nord et du Pas-de-Calais.

dans les prisons ; les maris sont déjà séparés de leurs femmes et les pères de leurs filles, et le but, à ce qu'on allègue, est de préserver la morale. Notre prison et Bicêtre étant trop pleines pour recevoir un surplus d'habitants, deux grands bâtiments de la ville sont disposés maintenant pour contenir les prisonniers du sexe masculin. Mes amis sont toujours à Arras et, je le crains, dans le plus extrême besoin. J'apprends qu'on leur a volé ce qu'ils avaient sur eux, et le petit secours que j'ai pu leur envoyer a été intercepté par les harpies des prisons. La santé de madame D... n'a pu supporter tant de misères accumulées, et elle est maintenant à l'hôpital.....

5 mars 1794.

Quelle étrange influence doit avoir ce mot : *Révolution*, puisque, comme le talisman d'un conte de fées, il tient enchaînées, pour ainsi dire, les facultés raisonnantes de vingt millions de personnes ! La France, en ce moment, attend, pour voir décider son destin, l'issue de la querelle qui divise deux misérables clubs composés d'individus qui sont méprisés ou détestés. La municipalité de Paris favorise les cordeliers ; la Convention favorise les jacobins. Il est aisé de voir que, dans ce cas, les auxiliaires sont parties principales et doivent bientôt en venir à une rupture ouverte qui finira par la destruction des uns ou des autres...

Vous voyez les journaux énumérer des charretées de dons patriotiques, des ballots de charpie, de bandages, de bas tricotés par les mains de belles citoyennes pour l'usage des soldats ; vous lisez cela, et vous devez m'appeler calomniatrice, demander si ce ne sont pas là des preuves qu'il y a un esprit public en France. Oui, c'est l'esprit public, le zèle d'un tributaire oriental qui, avec un dévouement craintif, offre une partie de sa richesse pour empêcher que le despote ne la lui ravisse tout entière. Les femmes, les filles dont les maris et les pères, arbitrairement arrêtés, languissent en prison, emploient ces faibles efforts pour conjurer la méchanceté des persécuteurs, et ces tributs *volontaires* ne sont que trop souvent proportionnés non aux ressources, mais au désespoir de celle qui donne. Les sacrifices les plus splendides qui remplissent le bulletin de la Convention et réclament une mention honorable dans leurs registres sont faits par les ennemis du gouvernement républicain, par ceux qui ont été déjà les objets de la persécution ou qui craignent de le devenir. Ah ! la prison et la guillotine sont des financiers capables ! Ils vous lèvent, nourrissent et habillent une armée en moins de temps que vous n'en mettez à obtenir un vote tardif de la plus complaisante chambre des communes !

———

17 mars 1794.

Après quelques jours d'agitation et d'attente, nous apprenons que la popularité de Robespierre est victorieuse, et qu'Hébert et ses partisans sont arrêtés. Si on considérait les mérites intrinsèques de chaque parti, sans égard aux circonstances du moment, on pourrait trouver étrange que j'attache à leur querelle un intérêt public ; pourtant les gens tristement habitués aux divers degrés du malheur, et n'ayant à choisir qu'entre des maux, apprennent à préférer par comparaison, sans autre envie que d'adopter ce qui leur sera le moins pernicieux à eux-mêmes ; la valeur absolue de chaque parti est laissée en dehors de la question. Voilà pourquoi les vœux public étaient du côté de Robespierre ; car, outre que son caractère précautionneux lui a donné un avantage dans sa lutte contre l'infamie avouée d'Hébert, beaucoup de gens conjecturent que la politique plus clémente professée par Camille Desmoulins lui a été suggérée ou du moins a été approuvée par Robespierre...

En même temps, la Convention, n'osant se fier à la préférence tremblante qu'elle n'obtient que

parce que ses adversaires sont plus abhorrés
qu'elle, vient d'ordonner aux représentants en mission de glaner les quelques armes qui restaient
encore entre les mains de la garde nationale, et
d'arrêter tous ceux qui pouvaient être soupçonnés
d'affiliation avec le parti ennemi. Dumont vient
d'exécuter cet ordre avec beaucoup de diligence,
et, en manière de surérogation, il a envoyé le commandant d'Amiens à la prison de Bicêtre, sa femme
malade à l'hôpital, et ses deux jeunes enfants ici.
Comme d'ordinaire, ces mesures excitent des
murmures secrets, mais on y obéit avec une parfaite soumission.....

———

15 avril 1794.

« L'amitié des méchants se tourne en crainte
mutuelle ; » dans cette phrase de notre poëte populaire est comprise l'histoire de tous les partis
qui se sont succédé pendant la révolution. Danton
vient d'être sacrifié à la jalousie de Robespierre,
Camille Desmoulins au besoin que Robespierre avait
de garder sa popularité, et tous deux, après avoir
partagé les crimes et contribué à la punition d'Hébert et de ses associés, les ont suivis sur le même
échafaud...

On ne peut étudier sans étonnement le caractère

de ces hommes et la révolution. Après avoir grif-
fonné comme je fais pendant une heure, il me
semble que je sors d'un songe quand je regarde la
scène autour de moi, et ma stupeur s'augmente
encore quand je pense que le destin d'une créature aussi isolée et aussi obscure que moi-même
dépend d'un tel événement et de telles gens. —
Mon amie, madame de..., est malade, on l'a trans-
portée à l'hôpital, de sorte que, n'ayant plus à
distraire son ennui, j'ai pleine liberté de me livrer
au mien. Pourtant, je ne sais comment cela arrive, mais je ne m'ennuie pas ; mon esprit est
constamment occupé, quoique mon cœur soit vide ;
la curiosité remplace l'attachement, et je trouve
vraiment assez amusant de conjecturer combien
de temps encore ma tête pourra rester sur mes
épaules... Il y a sûrement dans le caractère des
Français quelque chose qui, dans l'adversité
comme dans la prospérité, les fait différer des autres peuples. Beaucoup d'entre nous ne voient dans
la perte de leur liberté presque rien d'autre que
la privation de leurs amusements ordinaires ; j'en
ai connu qui, ayant eu la bonne chance d'obtenir
l'après-midi leur mise en liberté, se sont montrés
le soir au théâtre...

La voix rude d'un argus qui s'emploie tout le
jour à appeler mes nobles compagnons de captivité
par les noms républicains de « citoyen » et de
« citoyenne » vient de m'interrompre en me disant

de venir recevoir une lettre de mes malheureux
amis d'Arras. Elle me fut donnée ouverte[1]. Naturellement, mes amis ne me disent rien de leur situation, quoique j'aie plusieurs raisons de la
croire terrible. Ils m'écrivent pour me demander
des secours que je n'ai pas le moyen de leur fournir. Tout ce que je possède est sous le séquestre;
il est si difficile de négocier aucune traite tirée sur
l'Angleterre, qu'il me serait presque impossible de
me procurer de l'argent de cette façon, même si je
n'étais pas prisonnière. L'amitié de madame de...
ne peut m'être d'aucun usage. Sa grande fortune,
déjà réduite à une simple aisance par les exactions
révolutionnaires, suffit à peine à présent à ses besoins, et ses fermiers profitent généreusement de
son malheur actuel pour ne pas lui payer leurs fermages[2]. De sorte que ma seule ressource, pour
moi et pour madame D... est de vendre quelques

[1] La violation du secret des lettres était à cette époque si généralement avouée, que les gens qui correspondaient pour affaires,
et désiraient que leurs lettres fussent remises, les mettaient à la
poste sans les cacheter. Autrement on les déchirait souvent en les
ouvrant, ou on les jetait de côté, ou on les gardait pour s'éviter la
peine de les ouvrir.

[2] En quelques cas, des domestiques ou des fermiers s'emparaient,
pour leur propre usage, d'une portion des terres. En d'autres
cas, les municipalités des campagnes se faisaient payer un certificat de civisme par des concessions de terres, de priviléges ou de
baux. Presque partout, les maisons des personnes arrêtées étaient
pillées par leurs domestiques ou par les agents de la république.
J'ai connu une maison élégante mise en réquisition pour devenir
un atelier de forgerons à l'usage de l'armée, et une autre remplie de tailleurs employés à confectionner des habits de soldats.

petits bijoux que, par bonheur, j'avais cachés lors de ma première arrestation.....

———

22 avril 1794.

Notre prison s'encombre tous les jours davantage, et je m'aperçois que la plupart des gens que l'on arrête à présent sont des fermiers. Ceci paraît assez étrange, quand on considère combien la persécution révolutionnaire a, jusqu'ici, épargné cette classe d'hommes, et naturellement, vous désirez savoir comment elle a fini par les atteindre.

Le fermier français est aussi avisé quand il s'agit de son intérêt personnel et aussi borné dans la plupart des autres occasions que le fermier anglais. L'un et l'autre ne songent à rien au-delà des limites de leur ferme, excepté pour faire des comparaisons jalouses avec leurs voisins ; comme ils sont nourris et habillés presque sans avoir recours au commerce, ils ont peu besoin de communications, et vivent presque aussi isolés dans la société que les marins sur la mer.

Les révolutionnaires français ont remarqué cette circonstance et n'ont point eu de scrupule à en profiter. Ils savaient qu'ils auraient pu prolonger à l'infini leurs discussions métaphysiques sur les droits de l'homme sans arriver jusqu'à l'intelligence ou exciter l'intérêt des gens de la campagne ; mais ils ont vu que, si les paysans n'entendaient pas la propagation des droits de l'homme, ils comprendraient très-aisément l'abolition des droits de leurs propriétaires. En conséquence, le premier principe de liberté inscrit dans le nouveau code fut le droit pour les paysans de s'assembler en armes et de forcer les gens à leur remettre leurs titres de propriétés. Les premières notions révolutionnaires d'égalité et de propriété semblent s'être manifestées chez les campagnards par l'incendie des châteaux et par le refus de payer les fermages. On leur permit d'intimider leurs propriétaires pour contraindre ceux-ci à l'émigration, ce qui les conduisait à vendre leurs domaines à bas prix ou à les laisser à la merci de leurs fermiers...

———

22 avril 1794.

A une époque où les besoins de l'État étaient si grands qu'ils devinrent le prétexte d'une révolution terrible, les campagnards non-seulement furent exempts de contribuer aux charges nouvelles, mais encore s'enrichirent de la détresse commune. Tandis que les autres classes voyaient avec

des regrets inutiles leur fortune remplacée par des
morceaux de papier, les paysans, devenus insolents
et enhardis par l'impunité, refusaient de rien vendre, sauf contre espèces, et accumulaient tous les
jours de la richesse. Il ne faut donc point s'étonner s'ils furent d'abord favorables au nouvel ordre
des choses. Les prisons auraient pu regorger ou
être vidées par la misère croissante de ceux qui
les encombraient, — le tribunal révolutionnaire
aurait pu sacrifier la moitié de la France, — que
ces citoyens égoïstes auraient assisté à tout avec
tranquillité, si la conscription n'avait pas envoyé
de force le laboureur à l'armée et si le maximum
n'avait pas abaissé le prix de leur blé. Les exigences de la guerre et la disette intérieure ayant rendu
ces mesures nécessaires, il fut impossible de persuader aux fermiers de s'y soumettre, et la Convention eut, comme toujours, recours à son mode
sommaire de raisonnement : la prison ou la guillotine [1]. Étonnés de se trouver à leur tour victimes

[1] L'avarice des fermiers est sans doute condamnable, mais le
despotisme cruel du gouvernement affaiblit notre sens de la justice ; car, en confondant l'erreur avec le crime et le crime avec
l'innocence, il nous a habitués à une pitié sans discernement ; au
lieu de haïr le crime, nous haïssons ceux qui, en le punissant, ne
montrent ni clémence ni justice. Un fermier fut guillotiné parce
que quelques épis de blé avaient poussé dans un de ses étangs ; on
conclut de ce fait qu'il y avait jeté sa récolte pour amener la disette, quoiqu'on eût prouvé au procès que, la récolte précédente
ayant été rentrée par un grand vent, quelques grains envolés
étaient tombés dans l'eau et avaient produit ce qu'on jugeait un
témoignage accablant. Un autre subit le même sort pour avoir,

d'une tyrannie que jusque-là ils avaient contribué à soutenir, surpris de partager le malheureux sort de leurs seigneurs et du clergé, ces gens ignorants et trompés errent dans une sorte de tristesse désœuvrée qui semble indiquer qu'ils sont loin de comprendre et de goûter ce nouveau spécimen de républicanisme. Par une fatalité qui a poursuivi les Français depuis le commencement de la révolution, chaque classe a successivement facilité le sacrifice des autres ; la noblesse, le clergé, le marchand, le fermier, ont la mortification de voir aujourd'hui que leur politique égoïste et peu libérale n'a servi qu'à les entraîner dans une ruine commune.

Angélique a réussi à négocier aujourd'hui la vente de quelques bracelets qu'une dame que j'ai connue avant ma détention a bien voulu acheter à moitié prix. Ce n'est pas toutefois sans nous enjoindre le secret et sans faire sentir la grandeur d'âme avec laquelle elle s'exposait à l'accusation d'assister une étrangère. Nous sommes obligées d'être économes, et cependant la plus grande richesse ne suffirait pas pour nous donner le confortable. Le peu que nous nous procurons en vendant clandestinement quelques bagatelles inutiles est considérablement

suivant son mode habituel de culture, planté de la luzerne dans une partie de ses terres, au lieu de mettre tout en blé. Partout cette classe fut persécutée, soit dans sa personne, soit dans ses propriétés.

diminué par des impositions arbitraires pour les gardes [1], pour les pauvres, et par une taxe volontaire pour la misère qui nous entoure!...

Le bruit a couru aujourd'hui parmi nous que tous ceux qui n'étaient pas retenus sous une accusation spécifiée seraient bientôt délivrés. Cela a été cru avec empressement par les nouveaux venus et par ceux qui ne sont pas encore « les pâles convertis de l'expérience. » Pour moi, je suis si loin d'y croire, que je crains que ce ne soit l'annonce de quelque nouveau malheur; car, soit par l'effet du hasard, soit par un raffinement de cruauté, je trouve que toutes les mesures rendues pour aggraver la misère de notre position ont générale-

---

[1] Les gardes des bastilles républicaines étaient payés par les prisonniers eux-mêmes, et dans beaucoup d'endroits cette taxe était levée avec une rigueur indécente. On peut croire que des gens déjà en prison avaient peu de chose à craindre lorsqu'ils ne voulaient ou ne pouvaient pas payer; cependant ceux qui refusaient étaient menacés du donjon. Je connais deux exemples de la sorte parmi des Anglaises. L'une, une jeune femme, l'autre, une personne avec de nombreux enfants, étaient sur le point de subir ce traitement, lorsqu'ils furent sauvés par l'humanité de leurs compagnons, qui payèrent pour eux. Beaucoup de gens inoffensifs, enlevés de leur maison à cause de leur religion ou sous tout autre prétexte aussi frivole, n'ayant pas le moyen de se nourrir dans la prison, furent défrayés, d'après un ordre exprès, par leurs compagnons de captivité. Des familles nobles et pauvres qui n'avaient hérité que d'un nom furent arrachées à leur obscurité pour subir la persécution. L'une d'elles, composée de neuf personnes, vivait dans la plus extrême indigence, bien qu'étant de la classe proscrite. Les fils furent amenés blessés de l'armée et logés, avec leur père, leur mère et cinq jeunes enfants, dans une prison où ils étaient à peine nourris et manquaient de vêtements.

ment été précédées de ces rumeurs flatteuses.

Vous souririez, si vous voyiez avec quelle crédulité inquiète on propage de semblables nouvelles. Nous nous arrêtons l'un l'autre dans l'escalier pour les écouter, pendant que notre mauvais dîner qui arrive de chez le traiteur est en train de refroidir. Le seau du puits reste suspendu en chemin, jusqu'à ce que soit finie une histoire sur laquelle le narrateur en sait aussi peu que l'auditeur ; cette histoire, examen fait, a pour origine quelque phrase ambiguë de notre gardien, phrase prononcée dans un paroxysme de bonne humeur, après une douceur qu'on lui a offerte.

Nous perdons de temps en temps quelques-uns de nos compagnons qui, ayant obtenu leur élargissement, oublient leurs souffrances, louent la clémence de Dumont et les vertus de la Convention. Ceux qui restent s'amusent à conjecturer par quels canaux ces faveurs ont pu être sollicitées et à montrer par de bonnes raisons que ces préférences sont partiales et injustes.

Dumont nous fait visite comme d'ordinaire, reçoit cent ou deux cents pétitions, qu'il ne daigne pas lire, et réserve son indulgence pour ceux qui emploient auprès de lui les sourires d'une maîtresse favorite ou des arguments plus substantiels. Beaucoup de femmes d'émigrants ont obtenu leur liberté en divorçant d'avec leurs maris, et il n'y a là rien de blâmable, car la plupart, j'imagine, con-

sidèrent cela comme un expédient temporaire...
Mais ces sortes de séparations ne se rencontrent
pas seulement dans les classes qui occupaient autrefois le sommet de la société. Les registres men-
suels annoncent presque autant de divorces que
de mariages. La facilité de la séparation réduit
presque l'un à un contrat de libertinage que l'autre donne le moyen de résilier. En ceci comme en
beaucoup d'autres choses, la révolution a conduit
les petits à imiter les vices des grands.....

30 avril 1794.

Les ébullitions violentes du gouvernement révolutionnaire se sont maintenant apaisées ; ce ne sont
plus les ressources temporaires d'un despotisme
en détresse ; elles ont pris la forme d'un système
permanent et régulier. A l'agitation produite par
tant de scènes inouïes a succédé une terreur habituelle, et cette impression accablante a tellement
pénétré dans tous les rangs, qu'il serait difficile de
trouver un individu, fût-ce le plus obscur et le
plus inoffensif, qui juge sa propriété ou même sa
vie en sûreté pour un seul moment. Un coup de
sonnette ou de marteau à la porte dans la soirée
est un signal d'épouvante. Les habitants de la

maison jettent l'un sur l'autre des regards d'inter-
rogation craintive ; toutes les précautions prises
jusqu'alors semblent insuffisantes ; chacun se sou-
vient de quelque chose à cacher : — un livre de
prières, une cuiller d'argent non enterrée ; — quelques assignats « à face royale » sont ramassés à la
hâte, et, si la visite n'est qu'une aimable perquisition domiciliaire, une recherche d'armes ou de
blé, elle est un sujet de congratulations qui durent
une semaine. Cependant, telle est la soumission
du peuple à un gouvernement qu'il abhorre, qu'on
juge à peine nécessaire maintenant d'arrêter quelqu'un dans les formes. Souvent ceux dont on veut
s'assurer ne reçoivent rien de plus qu'un mandat
écrit, leur enjoignant de se rendre à telle prison [1]
et ils sont plus ponctuels à ce désagréable rendez-
vous qu'à la visite la plus cérémonieuse ou à la
plus galante assignation. On empaquette à la hâte
quelques objets nécessaires, on fait ses adieux,
on va à pied à la prison et on place son lit dans le
coin désigné, comme si la chose était toute naturelle.

Les voyageurs autrefois faisaient déjà presque
tous cette observation que les routes en France
étaient solitaires et semblaient plutôt des voies
pour des caravanes que des moyens de communi-

[1] Ces mandats étaient ordinairement rédigés ainsi : « Citoyen,
vous êtes invité à vous rendre immédiatement à..... (nom de la
prison), sous peine d'y être conduit par la force armée en cas de
délai. »

cation entre les diverses parties d'un royaume riche
et populeux. Maintenant cela n'est plus vrai, et, à
ce que j'apprends, elles sont aujourd'hui .suffisam-
ment fréquentées ; à la vérité, ce n'est point par
des voyageurs curieux, par des personnes qui
veulent s'amuser, par des commerçants ou des
voitures de commerce, mais par des députés de la
Convention, des agents des subsistances [1], des
membres de comités, des missionnaires jacobins,
des troupes quittant à la hâte une ville où l'insurrection vient d'être apaisée pour courir dans une
autre où elle commence ; sans compter cette source
intarissable d'activité, le transport des suspects de
leur maison à la prison et d'une prison à l'autre.
Ces mouvements ne sont guère exécutés que par
les voyageurs officiels de la république ; car, outre
la rareté des chevaux, l'augmentation des dépenses
et la diminution des ressources, peu de personnes
sont disposées à s'exposer aux soupçons [2] en quit-

---

[1] Les agents employés par le gouvernement à l'achat des subsistances étaient, d'après une confession officielle, au nombre de
dix mille. On les voyait partout, rivalisant entre eux, et créant
partout la disette et la famine par des réquisitions et des exactions, non pour le bien de la république, mais pour leur propre
profit. Outre leurs ravages personnels, ces sauterelles privilégiées
causaient une stagnation complète dans le commerce par l'embargo
qu'ils plaçaient sur les choses dont ils n'avaient pas besoin. Il
arrivait souvent qu'un malheureux commerçant avait la moitié de
ses marchandises sous réquisition pendant un mois, et souvent
sous les différentes réquisitions de plusieurs députés, commissaires
de guerre, agents de subsistances, etc. ; et il ne pouvait disposer de
rien jusqu'à ce que ces exigences fussent satisfaites ou abandonnées.

[2] Il y avait des moments où une demande de passe-port était

tant leur foyer, et on tâche par toutes sortes d'obstacles d'empêcher des relations trop fréquentes entre les habitants des grandes villes.....

---

50 avril 1794.

Le comité de salut public marche rapidement à la concentration absolue du pouvoir suprême, et la Convention, qui est l'instrument de l'oppression universelle, devient elle-même un corps insignifiant, dont les membres sont peut-être moins en sûreté que ceux qu'il tyrannise. Ils cessent de discuter et même de parler. Mais si un membre du comité monte à la tribune, ils l'accablent d'applaudissements avant de savoir ce qu'il va dire, et votent tous les décrets qu'on leur présente, plus passivement que le parlement le plus obséquieux n'enregistrait un arrêté de la cour; heureux lorsqu'en

certainement suivie d'un mandat d'arrêt. On interrogeait minutieusement le demandeur sur l'affaire qui le forçait à partir, sur les personnes avec lesquelles il devait la conclure; on voulait savoir s'il voyagerait à cheval ou en voiture. Le moindre signe d'impatience pendant cette cérémonie démocratique suffisait pour rendre « un homme suspect, » ou, au moins, « soupçonné d'être suspect. » (Une personne fut guillotinée à Arras sous cette vague accusation.) — J'ai connu un homme qui fut persécuté six mois pour avoir passé d'un département à un autre, afin de voir sa famille.

manière de compensation ils obtiennent un sourire de Barère ou échappent aux regards sinistres
de Robespierre.....

———

5 juin 1794.

Nous venons d'apprendre l'exécution de Cécile
Renaut, de son père, de sa mère, de sa tante, et
de soixante-six autres personnes.....

Voilà les horreurs qu'on rencontre maintenant
dans presque toutes les parties de la France. Les
prisons sont chaque jour vidées par les ravages de
la guillotine et aussitôt remplies de nouveaux hôtes destinés à subir le sort de leurs prédécesseurs.
Une réserve sombre, une sorte de pressentiment
anxieux se sont emparés de tous ; nul ne se hasarde
à communiquer ses pensées, même à son ami le
plus intime ; les parents s'évitent ; le système social tout entier semble sur le point de se décompo-
ser. Ceux qui ont conservé encore leur liberté font
un long détour plutôt que de passer devant une
bastille républicaine ; si quelque nécessité les
oblige à en approcher, c'est en baissant la tête ou
avec des regards détournés qui annoncent leur
peur d'encourir le soupçon d'humanité. Je parle-
rai peu de mes propres sentiments, ils ne sont pas

de nature à être soulagés par des expressions pathétiques. Je suis malade et dégoûtée jusqu'à l'âme ; pendant quelque temps, j'ai lutté contre mon propre malheur et contre la douleur que me cause la calamité générale ; mais l'humanité fléchit en moi, et je ne sais plus résister à l'abattement[1]...

Lebon[2], que ses cruautés à Arras semblent avoir rendu plus cher à ses collègues de la Convention, vient de voir ajouter notre département à sa circonscription, et André Dumont est rappelé ; de sorte

---

[1] La terreur avait si bien subordonné tous les mobiles d'action au sentiment unique de la conservation personnelle, que les personnes dont les parents avaient été exécutés n'osaient pas porter le deuil ou laisser voir le moindre signe d'affliction. Deyeux, professeur de chimie, à l'heure où son frère était sur l'échafaud, fut obligé de faire sa leçon publique pour ne pas être accusé d'incivisme, ce qui probablement l'aurait enveloppé dans le même destin. On remarqua aussi qu'après l'exécution du célèbre Lavoisier, les auteurs et les professeurs n'osaient plus citer son nom ; quand ils avaient à faire mention de lui, ils le désignaient par cette circonlocution prudente : un auteur qui nous a donné les *Éléments de la chimie...*

[2] Comme un jour il se donnait, à son ordinaire, le plaisir d'assister à des exécutions, plusieurs têtes étant déjà tombées, un malheureux, en plaçant son corps dans la posture nécessaire, détourna les yeux ; sur quoi le bourreau, prenant dans le sac une des têtes et proférant les plus horribles imprécations, força le condamné à la baiser. Lebon, non-seulement permit, mais sanctionna cette cruauté en dînant tous les jours avec le bourreau. — Plus tard, comme on lui reprochait cette familiarité dans la Convention, il se défendit en disant : « Une action semblable de Lequinio a été, par vos ordres, insérée dans le *Bulletin* avec mention honorable, et vos décrets ont invariablement consacré les principes d'après lesquels j'ai agi. » — Ils sentirent un instant la domination de leur conscience et restèrent muets... Lorsque des collègues de Lebon passaient par Arras, il leur proposait toujours de venir faire avec lui « une partie de guillotine. » Les exécutions

qu'à chaque heure nous sommes menacés de la présence d'un monstre auprès duquel notre propre représentant est aimable. Dieu juste ! y a-t-il encore une distinction positive entre le mal et le pire, puisque nous regrettons Dumont et que nous nous trouvions heureux d'être à la merci d'un tyran qui n'est que grossier et débauché ! Oui, cela est ; et Dumont lui-même, craignant de n'avoir pas exercé son office avec assez de sévérité, vient d'ordonner que toute espèce d'indulgence cessera,

se faisaient sur une petite place d'Arras, non sur la grande, afin que lui, sa femme et ses parents pussent jouir plus commodément du spectacle du haut du balcon du théâtre, où ils prenaient leur café, escortés par une troupe de musiciens qui jouaient tant que durait la boucherie... L'histoire que voici, révoltante, quoique moins horrible, arriva à quelques-uns de nos amis. Avec beaucoup d'autres, on les avait amenés d'une ville éloignée, sur des charrettes découvertes, et, accablés de fatigue, ils avançaient vers la prison où on devait les déposer. Au moment de leur arrivée, plusieurs personnes allaient être guillotinées. Lebon, qui, selon son ordinaire, présidait à ce spectacle, fit arrêter le convoi, afin que les prisonniers fussent eux-mêmes témoins de l'exécution. Mes amis et leurs compagnons, terrifiés, furent obligés, non-seulement de paraître attentifs à la tragédie, mais à chaque tête coupée de prendre part aux cris de : *Vive la république !* — Parmi eux, une jeune dame fut plusieurs mois à se remettre du choc qu'elle avait reçu.

..... Lebon, ayant peut-être quelques scrupules, écrivit au Comité de salut public, et reçut en réponse la lettre suivante : « Le Comité de salut public approuve les mesures que vous avez adoptées, et en même temps juge inutile la garantie que vous demandez... Aucune considération ne doit vous entraver dans votre marche révolutionnaire. Donnez donc libre cours à votre énergie ; vos pouvoirs sont illimités. Quelles que soient les mesures qui vous semblent réclamées pour le bien public, vous avez le droit, vous avez même le devoir de les mettre à exécution sans délai. » Signé : Carnot, Barère, Robert Lindet.

que les prisons seront plus strictement gardées et,
s'il est possible, plus encombrées ; et il est maintenant parti pour Paris, tremblant qu'on ne l'accuse de justice et de modération.....

Providence, 11 juin 1794.

L'immoralité d'Hébert et les basses complaisan-
ces de la Convention ont, pendant quelques mois,
changé les églises en temples de la Raison. L'ambition et peut-être la vanité de Robespierre vient
de les dédier à l'Être suprême, et la nation, sous
de tels auspices, a passé de l'athéisme au déisme...

Ma dernière lettre est un récit des plus odieuses
barbaries ; aujourd'hui j'aurais une fête à décrire.
Un jour j'ai à noter la destruction des saints ; un
autre l'adoration de Marat. La moitié du journal
est remplie par la liste des personnes guillotinées,
et l'autre par les endroits où l'on s'amuse...

Les membres du comité ne sont pas les seuls
objets de l'adoration publique. Quelquefois la Convention tout entière est encensée dans un style
vraiment oriental. La pétition d'un poëte incarcéré
compare la montagne des Jacobins à celle du Par-
nasse. Un créancier de l'État importune les députés pour un petit payement, et les appelle les dieux

de l'Olympe. On offre à « ces législateurs du mont Sinaï » des félicitations au sujet de l'abolition du christianisme. Tous leurs actes de bassesse provoquent l'éloge de leur magnanimité. Une vingtaine d'orateurs les harangue tous les jours sur leur courage, pendant qu'ils sont sous le joug de despotes aussi vils qu'eux-mêmes et qu'ils continuent à réinstaller aux périodes fixées avec une approbation bruyante. Ils proscrivent, dévastent, brûlent, massacrent et permettent qu'on leur donne le nom de « pères de leur pays. »

Tout cela serait inexpl cable, si la France n'était pas une nation dont toutes les facultés sont absorbées par une terreur qui produit mille contradictions. A présent, les riches tâchent d'obtenir une protection en devenant membres d'un club[1] et sont heureux si, après diverses mortifications, ils sont admis par la populace qui le compose. Cependant, des familles qui, jusqu'ici, se piquaient d'une ample et illustre généalogie, font tous leurs efforts pour prouver qu'elles n'y ont aucun droit. Des places et des emplois qui, presque dans tous les pays, sont des objets d'intrigue et d'ambition, sont ici refusés ou abandonnés avec une sincérité si parfaite qu'un décret est venu nécessaire pour obliger chacun, sous peine d'emprisonnement, à gar-

---

[1] « Le diplôme de jacobin était une espèce d'amulette dont les initiés étaient jaloux et qui frappait de prestige ceux qui ne l'étaient pas. » (Rapport de Courtois sur les papiers de Robespierre.)

der la fonction à laquelle sa mauvaise étoile, sa
méprise politique ou son affectation de patriotisme
l'a appelé. La responsabilité et le danger que com-
porte toute fonction publique sont si terribles que,
sans cette loi, les gens, même ignorants et de
basse condition, qui ont accepté ces places simplement pour avoir de quoi vivre, aimeraient mieux
leur pauvreté primitive que des appointements
toujours exposés à être remplacés par la guillotine.

Quelques membres de la municipalité d'un district voisin, auxquels je demandais aujourd'hui
s'ils venaient élargir quelques-uns de nos compagnons de prison, me répondirent que, bien loin de
là, ils en amenaient de nouveaux, et n'étaient pas
certains douze heures durant de n'y être pas conduits eux-mêmes.

Les visions égalitaires des imposteurs métaphy-
siciens sont devenues une réalité effective ; seulement ce qui règne n'est pas l'égalité d'abondance
et de liberté, mais l'égalité de misère et d'oppression. On n'a pas remédié aux différences sociales,
mais toute la surface de la nation est nivelée comme
par un ouragan. Les riches sont devenus pauvres,
les pauvres le sont toujours, et les uns comme les
autres sont conduits impartialement à l'échafaud.
Les prisons de l'ancien gouvernement étaient mes-
quines, disproportionnées aux fins de celui-ci. Couvents, colléges, palais, tous les édifices qui, d'une
manière quelconque, peuvent être adoptés à cet

usage, ont été remplis de personnes jugées suspectes, et il semble que l'on songe à un plan de
destruction plus efficace et plus exécrable que le
massacre général de septembre 1792. Sous quelque prétexte d'accusation, des agents de police
sont envoyés dans les différentes prisons, et, d'a-
près des listes qu'au préalable on leur a fournies,
ils instituent une enquête sur des complots et des
conspirations formées, à leur dire, par les prisonniers. Cette allégation et cette preuve suffisent;
les prisonniers sont envoyés au tribunal, leurs
noms sont lus tout haut, et ils sont envoyés par
charretées à la boucherie républicaine. Beaucoup
de personnes que j'ai intimement connues ont
péri ainsi. La venue prochaine de Lebon, notre
multitude qui nous rend trop importants pour que
nous soyons oubliés, tout contribue à m'accabler
et à m'alarmer. Il n'est pas jusqu'à la légèreté du
caractère français qui ne cède à ce terrible despotisme ; on ne voit rien que lassitude, silence et
désolation. « O triste loisir, poids affreux du
temps ! » Le beau temps revient avec la saison de
l'année. Le soleil brille, mais pour ajouter à nos
misères celle d'une chaleur insupportable, et les
vicissitudes de la nature ne font qu'éveiller en nous
le regret de ne pas en jouir.

« A présent, dit le poëte, de douces brises se
jouent sur toutes les vallées, caressent chaque fleur
et emportent au loin son parfum. »

Mais que sont l'air frais et les champs verts pour nous qui sommes cloîtrés parmi une infinité de mauvaises odeurs, et n'avons sous les yeux que de la fange et des murs de pierre ?

Ceux dont le sort est ici le plus digne d'envie sont les personnes qui souffrent pour opinions religieuses. Les nonnes, qui sont plus maltraitées qù'aucun de nous[1], s'occupent avec patience et semblent regarder au delà de ce monde, pendant que le déiste, gai autrefois, erre çà et là avec un volume de philosophie dans la main, incapable de supporter le présent et encore plus inquiet de l'avenir.....

———

Providence, 11 août 1794.

Pendant quelques jours, je n'ai regardé la chute de Robespierre et de ses adhérents que comme une de ces dispensations providentielles qui châtient tour à tour tous ceux qui ont pris part à la révo-

---

[1] Ces pauvres femmes, dépouillées par les agents subordonnés du peu que la rapacité de la Convention leur avait laissé, manquaient de tout. Quoique, dans la plupart des prisons, on les fît travailler pour les armées républicaines, elles ne pouvaient guère se procurer que du pain et de l'eau. Ce n'était pas tout ; elles étaient les objets de la plus basse et de la plus cruelle persécution. J'en ai connu une qui fut mise au cachot et jusqu'à la ceinture dans une eau corrompue, pendant douze heures de suite, sans rien perdre de sa résolution et de sa sérénité.

lution française. Cependant, ce dernier changement des partis a pris un tour que je n'attendais pas ; et, contrairement à ce qui s'est passé jusqu'ici, la nation se montre visiblement disposée à profiter de la faiblesse que produiront les querelles de ses maîtres.

Quand les nouvelles de cet événement extraordinaire devinrent publiques pour la première fois, elles furent d'abord reçues avec gravité et je dirai presque avec froideur. On n'entendit pas un commentaire, on ne vit pas un seul regard d'approbation. La prudence semblait indispensable ; jusqu'à ce que la lutte fût définitivement terminée, personne ne se hasardait à émettre une opinion ; et beaucoup de personnes, pour être certaines de ne commettre aucune indiscrétion de parole, évitaient toute conversation.

Par degrés, l'exécution de Robespierre et d'une centaine de ses partisans convainquit même les plus timides ; les murmures du mécontentement étouffé commencèrent à se faire entendre ; et tous pensèrent qu'ils pouvaient maintenant sans danger se soulager de leurs terreurs et de leurs souffrances en exécrant la mémoire de leurs tyrans morts. Les prisons, que jusqu'alors on avait évitées par crainte de se rendre suspect, furent bientôt visitées avec moins d'appréhension ; et l'amitié, l'affection purent solliciter, quoique avec tremblement, l'élargissement de ceux à qui elles s'intéressaient. Par l'influence de ces intercessions, quelques-uns de nos compagnons nous ont déjà quittés, et nous espérons tous que le courant de l'opinion, décidément hostile aujourd'hui au détestable système dont nous sommes les victimes, amènera forcément la mise en liberté générale. Nous ne sommes gardés que légèrement, et je crois apercevoir dans les manières des commissaires jacobins une teinte inusitée de civilité et d'égards.

Ainsi un événement où je ne voyais qu'un acte de la justice divine employant une troupe de bandits pour en punir une autre, peut tendre finalement à introduire un système de gouvernement plus humain, du moins suspendre la proscription et le massacre, et donner à ce pays harassé un peu de repos [1].....

Providence, 14 août 1794.

Beaucoup des prisonniers de Paris continuent chaque jour à obtenir leur élargissement; on

---

[1] Le rapport de Courtois sur les papiers de Robespierre, quoique bien fait, est un exemple de la pédanterie si fréquente en France, même chez les hommes qui ne manquent pas de talent. Il semble que Courtois ait voulu faire un résumé de toute l'érudition, ancienne et moderne, qu'il possédait. J'ai son rapport devant moi, et j'en ai extrait la liste suivante de noms et d'allusions; il

vient de décréter l'examen des atrocités commises par Lebon, et cela grâce aux efforts de ses ennemis personnels, particulièrement de notre ex-souverain, André Dumont, qui, à présent, est membre du comité de sûreté générale. — Mais, parmi ces apparences de justice, on peut démêler une singulière versatilité de principes, ou plutôt une tendance évidente à continuer le système décrié. La Convention tout entière, sitôt qu'elle voit poindre la plus légère allusion contre le gouvernement révolutionnaire, se lève en masse, proteste avec vociférations qu'elle y adhère, et le tribunal qui en était l'œuvre et le soutien a été soigneusement réinstallé.....

Nous ne tirons encore aucun avantage de la maturité précoce de la moisson ; c'est encore avec difficulté que nous obtenons une mince ration de

y en a beaucoup qui sont si hors de propos qu'on ne comprend pas qu'ils aient été amenés là même par une réquisition républicaine :

Samson, Dalila, Philippe, Athènes, Sylla, les Grecs et les Romains, Brutus, Lycurgue, Persépolis, Sparte, Pulchérie, Catilina, Dagon, Anicius, Néron, Babel, Tibère, Caligula, Auguste, Antoine, Lépide, les Manichéens, Bayle et Galilée, Anitus, Socrate, Démosthènes, Eschine, Marius, Busiris, Diogène. César, Cromwell, Constantin, le Labarum, Domitien, Machiavel. Thraséas, Cicéron. Caton, Aristophane, Roscius, Sophocle, Euripide, Sidney, Wishnou, Posidonius, Julien, Argus, Pompée, Teutatès, Gainas, Arcadius, Huon, Asmodée, les Salamandres, Anicetus, Atrée, Thyeste, Cesonius, Barca et Oreb, Omar et le Coran, Ptolémée Philadelphe, Ahrimane, Gengis, Temuginus, Tigellinus, Adrien, Cacus, les Destins, Minos, Rhadamanthe, etc.

(Rapport de Courtois sur les papiers de Robespierre.)

pain. Des décrets sévères sont portés pour déjouer l'avarice des fermiers et empêcher le monopole du blé nouveau ; mais ces gens sont inattaquables. Ils ont déjà été en lutte avec le système de la terreur et on a jugé nécessaire, même avant la mort de Robespierre, de les élargir, parce qu'autrement la moisson, faute de bras, aurait risqué d'être perdue. On découvre maintenant que des causes naturelles et l'égoïsme des individus suffisent pour produire une disette temporaire ; pourtant, quand ce malheur arrivait sous le roi, on l'attribuait toujours aux machinations du gouvernement.

. . . .

Voilà douze mois que je suis en prison et ma santé est considérablement altérée. La chaleur est accablante, et nous n'avons d'ombre dans le jardin que sous un mûrier si entouré de fange qu'on ne peut en approcher. Cependant, on me dit que dans quelques jours on me permettra de retourner chez moi, à cause de mon état de souffrance, mais à condition d'avoir des gardes et de les payer de ma bourse. Mes amis sont encore à Arras ; si cette faveur est aussi accordée à madame de la F..., elle m'accompagnera.

Providence, 15 août 1794.

Demain j'espère quitter ce lieu; et je viens de le parcourir pour la dernière fois. Vous admettrez aisément que je n'y suis point attachée; cependant le souvenir de mes sensations à mon arrivée, de tout ce que j'ai éprouvé et encore plus de tout ce que j'ai appréhendé depuis ce moment, me donne, lorsque je pense à mon départ, une satisfaction que je pourrais presque appeler mélancolique. Cette cellule où j'ai grelotté pendant l'hiver, ces longs corridors que j'ai tant de fois traversés avec des méditations amères, ce jardin où je respirais un air plus pur au risque de m'affaisser sous les rayons brûlants d'un soleil sans nuage, ce ne sont pas là des scènes capables d'exciter des regrets; mais quand je me souviens que je suis encore soumise à la tyrannie à laquelle j'ai dû tous ces maux, et que mon orgueil est obligé d'accepter comme une faveur la liberté dont j'ai été injustement privée, je contemple sinon avec indifférence, du moins avec calme, la délivrance qui est proche.

Je compte aussi parmi mes satisfactions la pensée que, sauf la maréchale de Biron [1] et le géné-

---

[1] La maréchale de Biron, très-vieille et très-infirme, fut emmenée d'ici à Paris, au Luxembourg, où sa belle-fille, la duchesse, fut aussi enfermée. Lorsque la charrette arriva pour conduire les victimes à l'échafaud, on trouva dans la liste le nom de « la femme Biron. — Mais, dit le gardien, il y en a deux. — Alors, amenez-les

ral O'Moran, aucun de nos compagnons de prison n'a été conduit à l'échafaud.

Si la persécution dans ce département n'a pas été sanguinaire[1], il faut se rappeler pourtant qu'il a été couvert de prisons, et que la soumission extrême de ses habitants aurait à peine fourni au plus impitoyable tyran un prétexte pour de plus sévères mesures. Dumont, à ce que j'apprends, espère fonder sa réputation sur ce qu'il n'a pas guillotiné par amusement, et il s'attend à trouver ici une retraite quand ses travaux révolutionnaires seront finis.

La Convention était hier solennellement occupée à recevoir l'ambassadeur américain, en outre une médaille de bronze du tyran Louis XIV, et enfin quelques merveilleux renseignements au sujet du deuil que la malheureuse princesse, fille de Louis XVI, est accusée d'avoir porté après la mort de Robespierre. — Ces législateurs me rappellent une des ménagères de Swift ; il essayait de lui inspirer des goûts littéraires ; mais, au milieu de la plus curieuse anecdote, elle le quittait pour aller « chercher un vieux chiffon dans la garde-robe. » Si, selon le mot du cardinal de Retz, l'attention extrême donnée aux bagatelles dénote un petit esprit, ceux-ci sont de vrais Lilliputiens.

toutes les deux. » La vieille maréchale, qui était à souper, finit son repas, puis, prenant son livre de prières, partit d'un air serein. Le lendemain, la fille et la mère furent guillotinées.

[1] Il y eut quelques prêtres guillotinés à Amiens ; mais on me laissa ignorer ces exécutions pendant plusieurs mois.

Amiens, août 1794.

Je n'ai quitté la Providence que depuis quelques jours. Il y avait tant de précautions à prendre, tant de formalités à observer, on nous a renvoyés si souvent de la municipalité au district, du district au comité révolutionnaire, qu'il me paraît certain que le sentiment du danger existe toujours, malgré la mort de Robespierre, dans l'esprit de ceux qui sont responsables d'actes de justice et d'humanité. A la fin, nous avons trouvé un logeur qui a répondu de nous sur sa vie et ses biens et a promis que nous ne tenterions rien contre l'*unité et l'indivisibilité* de la république. Grâce à cela, nous avons dit à la prison un adieu qui sera, j'espère, éternel.

Madame de... reste avec moi jusqu'à ce que sa maison soit réparée ; car elle a été si souvent mise à réquisition qu'il y reste à peine un lit et une chambre habitable. On a placé près de nous, en qualité de gardien, un vieillard très-poli et qui n'exerce sur nous aucune contrainte. Le fait est que son fils est membre du club jacobin, et on a voulu lui faire plaisir en nous chargeant de soutenir le père. Cela ne nous empêche pas de recevoir nos amis et je crois même que nous pourrions sortir, quoique nous ne l'ayons pas encore tenté.

La politique de la convention est pleine d'hésitation, comme il arrive toujours quand des hommes sont forcés par la nécessité d'agir en opposition avec leurs principes. Dans leur ardeur à attribuer à Robespierre tous les excès passés, ils se sont mis, sans s'en douter, dans l'impossibilité de continuer le même système. Ils s'attendaient sans doute à succéder au tyran qu'ils renversaient ; mais le peuple, lassé d'être pris pour dupe et d'entendre toujours parler de la chute des tyrans sans pour cela voir diminuer la tyrannie, a montré partout des dispositions contre lesquelles la Convention a craint de faire l'expérience de son pouvoir encore chancelant. Ici un grand nombre de prisonniers sont relâchés ; ceux qui restent enfermés sont traités avec plus d'indulgence, et la furie du despotisme révolutionnaire semble se calmer partout.....

Amiens, septembre 1794.

Lorsque je vous dépeins les Français se courbant patiemment sous l'oppression la plus absurde et la plus cruelle, subissant un pouvoir transmis d'un tyran à un autre, sans sécurité personnelle, sans commerce, menacés par la famine, avec un gouvernement dont les ressources ordinaires sont le pillage et le meurtre, vous devez voir avec quelque surprise le progrès et le succès de leurs armées. Mais, si l'on écarte de son esprit l'exagération des récits intéressés, si l'on oublie les lieux communs révolutionnaires : « enthousiasme, soldats de la liberté, défenseurs de la patrie, etc., » enfin, si l'on examine les armées françaises comme agissant d'après les motifs qui influencent généralement de pareils corps, je crois qu'on ne verra plus rien d'étonnant ou de surnaturel dans leurs victoires.

La plus grande partie des armées françaises se compose de jeunes gens pris indifféremment dans toutes les classes et forcés au service par la première réquisition. Ils arrivent à l'armée mal disposés ou au moins indifférents, car tous les volontaires étaient partis au commencement de la guerre avant qu'on eût recours à la levée en masse. On les distribue dans différents corps où il ne reste aucun lien local, les gens du Nord avec ceux du Midi ; toute combinaison pouvant réunir les gens de mêmes provinces est interdite.

On sait que l'espionnage militaire est aussi répandu que l'espionnage civil ; cette certitude détruit la confiance mutuelle ; le soldat malgré lui n'a d'autre ressource que d'accomplir son devoir professionnel avec autant de zèle que s'il le remplissait par son libre choix. D'un côté la discipline est sévère, de l'autre on tolère une licence sans bornes ; à moitié terrifié, à moitié séduit, l'homme

le moins belliqueux et le moins corrompu finit par
s'habituer à ne craindre que le gouvernement et à
goûter une vie d'impunité pour le reste. Il y a
quelque temps, les armées étaient mal habillées
et souvent mal nourries ; mais en ce moment ils
ont tout à profusion, grâce aux réquisitions qui
sont la plaie du pays. Les manufactures, les boutiques, les particuliers sont volés pour maintenir le
soldat en belle humeur. Les meilleurs vins, les
meilleurs vêtements, les primeurs de chaque chose
lui sont destinés, et des hommes qui autrefois travaillaient beaucoup pour se procurer une maigre
subsistance, vivent comparativement aujourd'hui
dans le luxe et l'oisiveté.

Les promotions rapides sont aussi une cause
d'adhésion au gouvernement ; chacun désire avan-
cer ; car, grâce aux réquisitions, au pillage et aux
perquisitions, le moindre commandement devient
très-lucratif. On dépense beaucoup d'argent pour
fournir aux camps des journaux écrits exprès, et
on ne permet pas aux autres feuilles de circuler publiquement. Quand des troupes sont cantonnées
dans une ville, au lieu de la froide réception qui
attend ordinairement de pareils hôtes, le système
de la terreur agit comme un excellent maréchal
des logis, et leur procure, sinon un accueil cordial,
du moins une vie très-substantielle ; et ils ne sont
jamais si bien traités que dans les maisons des aristocrates. Les officiers et les soldats vivent dans

une familiarité très-flatteuse pour ces derniers, et, en réalité, rien ne les distingue les uns des autres, ni le langage, ni les mœurs, ni la tenue. Il n'y a guère de subordination que sur les champs de bataille; un soldat n'a qu'à éviter les discours politiques et à crier: « Vive la Convention ! » pour s'assurer l'indulgence plénière dans tous les autres cas. Beaucoup de ceux qui entrent à l'armée avec regret continuent à servir de leur plein gré pour la solde; il existe en outre un décret qui soumet à des punitions sévères les parents de ceux qui quittent le régiment.—En un mot, tout ce qui peut agir sur les craintes, les intérêts ou les passions est mis en jeu pour conserver au gouvernement la fidélité des soldats et les attacher à leur profession. Je suis loin de vouloir me faire le détracteur de la bravoure nationale des Français; les annales de leur monarchie abondent en exemples splendides; je voulais seulement vous faire comprendre, ce dont je suis convaincue moi-même, que la liberté et la foi républicaine n'ont aucune part dans leurs succès actuels [1]...

[1] Sur ce point, je crois que l'auteur se trompe. La foi républicaine était alors dans les armées françaises un ressort aussi aveugle et aussi puissant que la foi puritaine dans les troupes de Cromwell. Voyez à ce sujet les *Mémoires* de Gouvion Saint-Cyr, de Lavalette, etc. Mallet du Pan, le juge le plus perspicace et le plus profond de la révolution française, expliquait de même les succès des armées révolutionnaires. C'est, disait-il, «la guerre d'un peuple, soldat fanatique, contre des soldats matériels, indifférents à l'objet de la querelle. » (*OEuvres* de Mallet du Pan, édition Sayous, t. II, p. 28.)   (Note du traducteur.)

« La plupart des gens de guerre, dit Fontenelle, font leur métier avec beaucoup de courage. Mais il en est peu qui y pensent ; leurs bras agissent aussi vigoureusement que l'on veut, leurs têtes se reposent et ne prennent presque part à rien. » — Si l'on peut appliquer ceci avec vérité à quelque armée, cela doit être à l'armée française. Nous l'avons vue successivement et implicitement adopter toutes les nouvelles constitutions et tous les dieux étranges que les factions et l'extravagance ont pu inventer ; nous l'avons vue alternativement la dupe et l'esclave de tous les partis, à une époque abandonnant son roi et sa religion, à une autre, adulant Robespierre et déifiant Marat. J'avoue que ceci est une disposition qui peut faire de bons soldats, mais qui ne semble pas indiquer des enthousiastes et des républicains.....

Tout ceci n'est applicable qu'aux troupes envoyées aux frontières. Il y en a d'une autre sorte, moins utiles, qui agissent comme une espèce de police militante et errante, et qui défendent la république contre ses *ennemis intérieurs :* ce sont les troupes *républicaines*, les favorites de la Convention. Presque toutes les villes importantes sont infestées à l'occasion par ces instruments serviles du despotisme, qui, entretenus avec une profusion insolente, terrifient les malheureux que la misère et la famine pourraient entraîner à la révolte. Quand un gouvernement, après avoir emprisonné par centaines de mille les gens les plus distingués de toutes les classes et avoir désarmé tout le reste, est encore obligé de déployer une pareille force pour sa protection, nous pouvons conclure avec justice qu'il ne compte pas beaucoup sur l'attachement du peuple. Les agents de toutes sortes, employés ainsi pour concilier à la république les gens de l'intérieur, suffiraient peut-être à former une armée égale à celle des alliés; mais, en pareil cas, le nombre des employés ne sert qu'à rendre la tâche plus difficile. Cependant, s'ils ne créent pas l'affection, ils assurent la soumission; et la Convention ne raffine pas sur les sentiments...

Amiens, 30 septembre 1794.

Le retour vers la justice est lent et variable; une préférence instinctive ou habituelle pour le mal semble parfois diriger la Convention, même en opposition avec son propre intérêt. Elle n'a pas encore fait grand'chose pour faire disparaître les calamités dont elle est l'auteur; nous saluons le peu qu'elle a fait, non pas à cause de sa valeur intrinsèque, mais comme nous faisons des premières fleurs printanières, même sans parfum ni beauté,

qui nous annoncent la fin de l'hiver et la venue de
la belle saison. Il est vrai, le nombre de comités
révolutionnaires diminue, les prisons sont moins
encombrées et l'on n'est plus arrêté uniquement
parce qu'un jacobin vous trouve l'allure suspecte.
Mais il y a encore une grande différence entre
cette tolérance et la liberté ou la sécurité ; les lois
tyranniques qui autorisaient les dernières énormités ne sont pas encore annulées, et c'est là une
circonstance peu rassurante pour ceux qui regardent au delà du temps présent. Le tribunal révolutionnaire condamne toujours à mort sous des
prétextes aussi frivoles que du temps de Robespierre ; le seul avantage des condamnés est un
procès plus régulier ; on les prive de la vie avec
preuves à l'appui du jugement, pour des actions
que la justice la plus sévère ne punirait pas d'un
mois d'emprisonnement [1]...

---

[1] Par exemple, un jeune moine fut exécuté pour avoir écrit des
lettres *fanatiques* et avoir signé des résolutions en faveur du fédéralisme ; un bonnetier, pour avoir favorisé le retour d'un émigré ;
un homme de quatre-vingt-dix ans, pour avoir parlé contre la
révolution et discrédité les assignats ; un fournisseur, pour mal-
versation ; des gens de toute espèce, pour avoir empêché le recrutement et insulté l'arbre de la liberté. On trouvera toutes ces
condamnations et d'autres semblables dans les compte rendus du
tribunal révolutionnaire, longtemps après la mort de Robespierre
et la prétendue restauration de la *justice* et de l'*humanité*.

Amiens, 4 octobre 1794.

On nous a retiré notre garde depuis quelques jours et je reviens de Péronne, où j'ai été voir lever les scellés sur les effets que j'y avais laissés l'année dernière. J'ai été très-frappée de l'altération extérieure des habitants : tous ceux que j'ai rencontrés semblent avoir pris une sorte d'aspect révolutionnaire ; ils marchent la tête baissée ; leurs yeux à demi fermés mesurent toute la longueur de la rue comme s'ils voulaient encore éviter les saluts des suspects. Quelques-uns paraissent graves et usés par les soucis ; d'autres ont la mine craintive, comme s'ils attendaient d'heure en heure un mandat d'arrêt ; d'autres, enfin, ont l'air absolument féroce, par suite de l'habitude d'affecter la barbarie du temps.

Leur langage est presque aussi changé que leur extérieur. Le jargon révolutionnaire est universel, et les aristocrates les plus distingués conversent dans le style des rapports de Barère. Les gens du commun ne sont pas moins prodigues que leurs supérieurs de ce dialecte fashionable et, autant que j'en puis juger, par les mêmes motifs. Comme j'attendais ce matin à la porte d'une boutique, j'écoutais un mendiant qui marchandait une tranche de citrouille ; ne pouvant s'accorder sur les prix avec la revendeuse, il lui dit qu'elle était « gan-

grenée d'aristocratie. — Je vous en défie ! »
répondit-elle; mais tout en parlant, elle devint pâle
et ajouta : « Mon civisme est à toute épreuve... Mais
prends donc ta citrouille. — Ah ! te voilà bonne
républicaine ! » dit le mendiant en lui payant son
achat; et la vieille femme murmura : « Oui, oui,
l'on a beau être républicaine ; on n'a pas de pain
à manger..... »

Une personne qui était à l'école avec Fouquier-
Tinville et qui a eu de fréquentes occasions de l'observer à différentes périodes de sa vie, me dit qu'il
lui a toujours paru un homme de mœurs douces et
nullement propre à devenir l'intrument de ces atrocités ; mais il était joueur et très-embarrassé dans
ses affaires ; on lui persuada d'accepter l'office
d'accusateur public, et il arriva progressivement à
se trouver satisfait de son horrible emploi.....

———

Amiens, 4 octobre 1794.

La conduite de Fouquier me fait faire des réflexions sur une chose que les Français considèrent
comme un sujet de triomphe et un avantage particulier de leur caractère national sur le caractère
anglais : je veux parler de cette douceur de manières, de cette prudence d'expressions qu'ils ap-

pellent *amabilité* et qu'ils acquièrent et conservent même sans avoir la disposition d'esprit correspondante. Ils gardent cette disposition à travers les vicissitudes les plus irritantes et peuvent ainsi tromper même sans fausseté ; car, quoique cette gracieuseté soit habituelle, et par suite maintes fois exempte de calcul, l'étranger se trouve souvent mis hors de ses gardes et tenté de donner sa confiance ou d'attendre des services que des façons moins conciliantes ne lui auraient pas fait espérer. Un Français peut être mauvais mari, père insensible ou maître arrogant, sans que ses traits se contractent ou que sa voix devienne âpre, ce qui suffit pour faire dire de lui qu'il est « un homme bien doux. » Son cœur peut devenir corrompu, ses principes immoraux et son humeur féroce ; il gardera néanmoins son ton de voix modéré, sa phraséologie complaisante et sera « un homme aimable. »

La révolution a beaucoup contribué à développer cette particularité du caractère français, et a confirmé par divers exemples tirés de la vie publique l'opinion que je m'étais faite d'après des observations antérieures. Fouquier-Tinville, comme je l'ai déjà remarqué, était un homme d'un extérieur aimable ; Couthon, l'exécrable associé de Robespierre, fut la douceur même ; le style des harangues de Robespierre semble empreint d'une sensibilité remarquable. Carrier lui-même, le des-

tructeur de trente mille Nantais, avait, au témoignage de ses camarades d'études, un caractère
« aimable. » Je sais un homme dont l'abord est
des plus insinuants qui a fourni les moyens de
conduire son propre frère à la guillotine. J'en sais
un autre dont les façons sont presque séduisantes
et qui, sans rien perdre de ses manières courtoi-
ses, fut, pendant les derniers excès révolutionnaires, l'ami intime du bourreau[1]...

————

6 octobre 1794.

Les souffrances des individus ont souvent été le
moyen de renverser ou d'alléger les plus puissan-
tes tyrannies. En vain, les arguments convain-
quaient la raison ; en vain, la déclamation faisait
appel aux passions : tout à coup quelque récit sans

[1] Il serait trop long d'énumérer tous les contrastes manifestés
pendant la révolution entre les manières extérieures et le caractère
intime : — le philosophe Condorcet poursuivant d'une haine
méchante son patron, le duc de la Rochefoucauld, et hésitant
avec une douceur atroce au moment de prononcer la sentence du
roi ; — Collot d'Herbois, dépêchant trois cents personnes à la fois
par une décharge de mitraille, afin de « ménager sa sensibilité ; »
— Saint-Just, l'inventeur de mille énormités, quittant le comité
à la dernière réunion, avec l'intention de l'envoyer tout entier à
la guillotine, et lui disant d'un ton de tendre reproche, comme
un amoureux de roman : « Vous avez flétri mon cœur, je vais
l'ouvrir à la Convention, » etc.

apprêt, un simple exposé de faits a soulevé l'indignation et vaincu l'apathie d'un peuple opprimé. Un événement de cette nature vient de porter au gouvernement révolutionnaire un coup dont je compte qu'il ne se relèvera pas.

Cent trente-deux habitants de Nantes, arrêtés sous le prétexte ordinaire de fédéralisme, ou à titre de suspects, ou comme muscadins, furent quelques mois après conduits à Paris. Quarante moururent en route de misère ou par l'effet des mauvais traitements; le reste demeura en prison jusque après la mort de Robespierre. Les témoignages publics à l'occasion de leur jugement ont révélé en détail toutes les horreurs du système révolutionnaire... Quand les prisons de Nantes furent comblées, des centaines de leurs misérables habitants furent conduits de nuit et enchaînés au bord du fleuve, dépouillés de leurs habits, puis entassés dans les bateaux à fond mobile, qui, en se détachant, les engloutissaient. Il résulte du procès que six cents enfants furent, en une fois, détruits de cette manière; que des jeunes gens de sexe différent furent liés par couples et jetés dans la rivière; que des milliers de personnes furent fusillées sur la grande route et dans les champs; que quantité de personnes furent guillotinées sans jugement[1]; que

---

[1] Six jeunes filles, les demoiselles de la Méterie, toutes sœurs et âgées de moins de vingt-quatre ans, furent envoyées à la guillotine ensemble; la plus jeune mourut de frayeur, les autres furent

deux mille moururent en moins de deux mois de la peste occasionnée par ce carnage ; que l'air fut infecté et que les eaux de la Loire furent empoisonnées par les cadavres... Il résulte aussi, sans que la chose puisse être niée ou palliée, que ces énormités ont été accomplies tantôt par les ordres de députés de la Convention, tantôt avec leur connivence ; que les coupables ont agi avec l'autorisation de l'autorité compétente ; que leurs dépêches à la Convention ont toujours été sanctionnées, envoyées aux départements, applaudies à proportion de leur excès de cruauté.

On comprend maintenant le danger de confier un pouvoir illimité à des hommes comme ceux qui composent la majorité de l'Assemblée ; ce danger vient d'être manifesté, étalé de façon à pénétrer l'imagination la plus éteinte et le cœur le plus froid ; on a découvert que des missionnaires choisis par le corps entier de la représentation nationale, armés de décrets révolutionnaires, aidés de comités révolutionnaires, de troupes révolutionnaires, de moyens révolutionnaires de destruction, avaient, dans la seule ville de Nantes, et sous le masque d'un patriotisme enthousiaste, sacrifié trente mille personnes. Des faits comme ceux-là

---

exécutées tour à tour.—Un enfant de onze ans dit d'abord avec une simplicité touchante : « J'espère que vous ne me ferez pas beaucoup de mal! » Il reçut trois coups du couperet avant que sa tête fût détachée de son corps.

n'ont pas besoin de commentaire. La nation peut être intimidée ; l'habitude de l'obéissance et le manque d'espoir peuvent prolonger sa soumission ; mais elle ne peut plus être trompée. Les mots de patriotisme, de liberté révolutionnaire, de philosophie, sont pour jamais associés avec les machines à noyer de Carrier, avec les préceptes et les calculs d'un Hérault de Séchelles ou d'un Lequinio.

Je rassemble ici quelques faits sur cette lamentable guerre de la Vendée ; les textes que je cite sont officiels ..

« Le pillage a été porté à son comble ; les militaires, au lieu de songer à ce qu'ils avaient à faire, n'ont pensé qu'à remplir leurs sacs et à voir se perpétuer une guerre aussi avantageuse à leurs intérêts ; beaucoup de simples soldats ont acquis cinquante mille francs et davantage ; on les a vus couverts de bijoux et faisant dans tous les genres des dépenses d'une prodigalité monstrueuse. » (Lequinio, *Guerre de la Vendée.*)

« Les vainqueurs de la Bastille avaient malheureusement une ardeur désordonnée pour le pillage. On aurait imaginé qu'ils étaient venus avec le but exprès de piller plutôt que de combattre. Les diligences pour Paris étaient entièrement chargées de leur butin. » (Rapport de Benaben, commissaire pour le département de Maine-et-Loire.)

« Le village une fois brûlé, les habitants ne furent pas plutôt arrivés au milieu de notre armée que les volontaires, à l'exemple de leurs commandants, saisirent le peu qu'ils avaient sauvé et les massacrèrent. Mais ce n'est pas tout. Une municipalité entière, en écharpe tricolore, fut immolée. Dans un petit village, habité par environ cinquante bons patriotes qui n'avaient jamais manqué de résister aux insurgés, la nouvelle arrive que les soldats, leurs frères, viennent pour les aider et venger les injures qu'ils avaient souffertes. Un repas amical est préparé, les militaires arrivent, embrassent leurs malheureux hôtes, dévorent ce qui leur avait été servi, puis aussitôt poussent tous ces malheureux au cimetière et les massacrent l'un après l'autre. » (Rapport de Faure, vice-président d'une commission militaire à Fontenay.)

« La seule difficulté qui se présente est de savoir s'il vaut mieux recourir à l'indulgence ou persister dans le projet d'une destruction totale. Si les gens qui restent encore n'étaient pas plus de trente ou de quarante mille, le moyen le plus court serait de les égorger tous, conformément à ma première opinion ; mais la population est immense : elle monte encore à 400,000 âmes. A la vérité, s'il n'y avait pas espoir de réussir par d'autre méthode, certainement, il vaudrait mieux les égorger tous, fussent-ils 500,000..... Pour moi, je pense qu'on peut les convertir, et que le meilleur moyen d'y parvenir serait une série de missions joyeuses et fraternelles, des harangues franches et familières, des repas civiques et surtout la danse. Je souhaiterais que, pendant leurs voyages dans ces contrées, les représentants fussent toujours accompagnés de musiciens. » (Lequinio, *Guerre de Vendée*.)

... Je sais que je puis être censurée comme antilibérale ; mais, pendant mon séjour dans ce pays, j'ai vu suffisamment les désastreux effets du système qui consiste à corrompre un peuple par l'entremise de ses amusements ou de sa curiosité, et qui pousse les hommes à négliger leurs métiers utiles pour les transformer en patriotes et en philosophes[1]. « Il est dangereux d'apprendre au peuple à raisonner ; il ne faut pas l'éclairer trop, parce qu'il est impossible de l'éclairer assez. » Ce mot est de Rousseau ; son enthousiasme se soumettait à son bon sens et à sa connaissance de l'humanité ; certes il ne se serait guère attendu alors à voir chaque hameau de la France inondé par des lambeaux du *Contrat social*, et des milliers de paysans inoffen-

---

[1] Les républicains de bas étage s'attribuent le droit de diriger les affaires publiques et de négliger leurs affaires privées Du moins nous pouvons supposer qu'il en est ainsi en lisant cette sentence de bannissement sur les registres d'une commission populaire :

« Bergeron, négociant en cuirs, — suspect, — n'a rien fait en faveur de la révolution ; — très-égoïste, — a blâmé les sans-culottes de négliger leur profession pour ne s'occuper que des intérêts publics. »

Signé par les membres de la commission et par les deux comités.

sifs massacrés pour n'avoir pas compris la *Profession de foi*.....

Amiens, 24 octobre 1794.

... La Convention a ce singulier bonheur qu'elle tire une sorte de popularité des excès qu'elle a occasionnés ou sanctionnés. Mais les souffrances passées des Français leur ont appris à être modérés dans leur attente, et le nom de leur assemblée souveraine a été tellement associé aux tyrannies de toute espèce, qu'on lui sait gré, comme d'une tolérance extraordinaire, de suspendre les opérations ordinaires de la guillotine et des mandats d'arrêt. Elle est accablée d'adresses de félicitations, d'injonctions affectionnées de ne pas quitter son poste. Ce qui est encore plus merveilleux, c'est que beaucoup de ces adresses sont sincères, et Tallien, Fréron, Legendre, etc., avec toutes les énormités dont ils sont chargés, sont aujourd'hui les héros des aristocrates reconnaissants.

Amiens, 2 novembre 1794,

... C'est maintenant la mode de parler avec triomphe d'un séjour dans une maison d'arrêt ; et les personnes qui, par crainte ou prudence, avaient été forcées de chercher un refuge dans les clubs jacobins, sont maintenant très-anxieuses de proclamer leurs véritables motifs. Le bonnet rouge n'ose plus montrer pendant le jour « sa crête hideuse ; » il se change modestement en bonnet de nuit ; et le porteur d'un diplôme de jacobin, au lieu de coudoyer orgueilleusement tous les passants qu'il rencontre, chemine au pas ordinaire, la tête basse et même d'un air inquiet et rampant. On commence aussi à effacer le bonnet rouge dans les drapeaux qui sont aux portes ; et, comme si cet emblème de la liberté était incompatible avec la propriété, son expulsion semble encourager la réapparition des cuillers et fourchettes d'argent, qui sortent peu à peu de leurs cachettes et reprennent leur place à table. Les jacobins se présentent comme soumis à la plus cruelle oppression, déclarent que les membres de la Convention sont des aristocrates et des royalistes, et se lamentent amèrement de voir les galeries pleines, non plus de poissardes et de patriotes femelles à l'extérieur républicain, mais de robes à volants et de femmes à fontanges.....

Malgré l'harmonie qui semble subsister entre la nation et la Convention, celle-ci est beaucoup moins populaire en détail qu'en gros. Presque tous les députés qui ont été en mission sont accusés de dilapidations et de cruautés si odieuses, que, s'ils n'avaient pas eu commission des représentants du peuple, les tribunaux criminels n'auraient aucune difficulté à rendre sentence contre eux. Mais, comme le vol ou le meurtre ne dépouille pas un membre de son privilége, les plaintes contre un député ne peuvent être déférées qu'à l'Assemblée ; celle-ci, qui est encore dans ses premiers jours de régénération, se trouve un peu embarrassée pour excuser ouvertement les gentillesses de cette espèce. Cependant, alarmée par le nombre des dénonciations, elle vient d'adopter une série de décrets qu'on nomme les *garanties* de la représentation nationale, et qui en effet la garantissent si bien, qu'un député pourra désormais faire impunément tout ce qu'il lui plaira, pourvu que ses attentats n'atteignent point ses collègues. Il faut maintenant tant de formalités, de rapports, d'enquêtes, qu'on pourra traîner plusieurs mois avant que le coupable, si notoire que soit son crime, puisse être arrêté !...

Basse-Ville, Arras, 6 novembre 1794.

Depuis mon élargissement, je me suis occupée continuellement à obtenir pour mes amis la permission de revenir à Amiens; ils étaient sortis de prison, mais ne pouvaient avoir de passe-port pour quitter Arras. Après beaucoup de difficultés et de vexations, nous avons enfin réussi, et je suis ici maintenant pour les accompagner chez eux.

J'ai trouvé M. et madame D... bien changés par les misères qu'ils ont subies; madame D..., en particulier, a été enfermée pendant plusieurs mois dans une prison bruyante, nommée la Providence, qui à l'origine devait être une maison de correction, et qui, bâtie pour contenir cent cinquante personnes, en ferma près de cinq cents, principalement des dames d'Arras et des environs. La surintendance de ce misérable lieu était confiée à deux femmes vulgaires et vicieuses, qui, s'étant distinguées comme patriotes depuis les débuts de la révolution, reçurent de Lebon, en manière de récompense, cet emploi aussi profitable à leurs intérêts que conforme à leur caractère.

... Les cruautés qu'on a commises là ont été si mélangées de licence, que je ne puis les décrire. J'ai déjà noté la conduite de Lebon; il suffira de dire que les agents étaient dignes de lui, et que les prisonnières ont souffert tout ce que la brutalité, la rapacité et l'indécence peuvent infliger. — Cependant M. D... était transféré de prison en prison. Les chagrins de la séparation étaient augmentés par les craintes qu'ils avaient l'un pour l'autre et par des embarras d'argent. Je crains bien que chez tous les deux la santé de l'âme et du corps ne soit irréparablement atteinte.

Je regrette le mouvement d'impatience qui m'a conduite ici ; car les changements que j'observe et les souvenirs qu'ils éveillent accablent mon cœur et me rendent la ville odieuse. Toutes les familles que je connaissais ont perdu un ou plusieurs de leurs membres sur l'échafaud ; leurs biens sont confisqués ; celles que j'ai vues dans des hôtels élégants sont maintenant dans d'obscurs garnis, et vivent des superfluités de leur ancienne opulence ; le chagrin des veuves et des orphelins est accru par leur détresse ; cependant la Convention, qui affecte de condamner les crimes de Lebon, profite des dépouilles de ses victimes [1]...

---

[1] La nièce d'une dame de ma connaissance, jeune femme de dix-sept ans, s'échappa de sa maison de campagne, qui était déjà en flammes, avec son enfant à la mamelle, elle-même ceci est à la lettre) sans vêtements pour se couvrir. En cet état, elle erra toute la nuit, et, quand à la fin elle atteignit un endroit où elle put avoir des secours, elle était si épuisée que sa vie fut en danger. — Une autre dame que je connaiss is fut blessée au bras par quelques paysans qui s'étaient rassemblés pour lui extorquer les titres de propriété de son mari. Même après ces violences, ils restèrent en France, se soumirent sans murmurer à toutes les demandes, dons patriotiques, emprunts forcés, réquisitions et impositions de toute espèce ; néanmoins le mari fut guillotiné, et leurs immenses biens furent tous confisqués.

... La populace que Lebon avait gardée pendant plusieurs mois pour assister et applaudir à ses exécutions est encore dissolue et féroce ; elle regrette ouvertement de ne plus toucher sa paye et de ne plus voir travailler la guillotine. Quand je vins à Arras, j'étais en deuil, je l'ai toujours porté depuis l'arrivée de votre première lettre ; mais j'appris de la dame chez qui logent mes amis que je ne devais point me montrer ainsi dans les rues ; la coutume est d'insulter ceux qui sont en deuil ; on les suppose parents de quelque personne exécutée. J'empruntai donc un déshabillé blanc, et je me glissai dehors, la nuit, pour visiter mes malheureux amis ; car je découvris aussi qu'il était dangereux de faire visite dans des maison connues pour contenir les restes de familles décimées par Lebon.

Nous retournons demain à Amiens ; n'allez pas croire pourtant qu'on permette à une personne aussi « formidable » que moi d'errer dans la république sans prendre contre elle les précautions voulues. C'est avec de grandes difficultés qu'on m'a laissée partir, accompagnée par un garde qui me coûte fort cher ; mais l'homme est poli, il a ses affaires particulières à la ville et ne m'embarrasse pas...

———

Amiens, 26 novembre 1794.

L'Assemblée constituante, la Législative et la Convention semblent toutes avoir agi sous la persuasion que leur seul devoir comme révolutionnaires était de détruire tout ce qui existait du temps de la monarchie. Pour peu qu'une institution eût le plus léger défaut dans son principe ou eût dégénéré le moins du monde dans la pratique, leur premier pas était de l'abolir complétement, de laisser son remplacement immédiat au hasard et son remplacement futur à leurs successeurs. En échange de tant de mots nouveaux qu'ils ont introduits dans la langue française, ils ont effacé celui de *réforme*, et une dévastation qu'un conquérant mahométan aurait pu accomplir avec autant de succès est jusqu'ici la seule œuvre de la philosophie et du républicanisme.

Ce système d'ignorance et de violence semble avoir persécuté avec une haine particulière les anciens établissements d'éducation. La Convention n'a jamais manqué de suivre le plan que je vous ai décrit il y a deux ans, et qui consiste à renverser tous les jours ce qu'elle n'a ni le loisir ni le talent de remplacer. Il est vrai que ce laps de temps a produit beaucoup de dissertations et engendré beaucoup de projets ; mais, unanimes pour rejeter, ils ne s'accordaient pas pour adopter... Quelques-

uns étaient pour des écoles publiques imitées de
celles de Sparte ; d'autres élevèrent des objections ;
« car, disaient-ils, si vous avez des écoles publiques, il vous faudra des édifices, des gouver-
neurs, des professeurs, qui certainement seront
aristocrates ou le deviendront ; bref, vous n'aurez
fait que restaurer les colléges de l'ancien gouvernement. » — Un troisième parti proposait des séminaires privés, ou la liberté pour les parents d'élever leurs enfants comme ils voudraient ; mais on
déclara que ce système tendrait encore davantage
à l'aristocratie, car les riches, étant plus capables
de payer que les pauvres, accapareraient tout le
savoir pour eux-mêmes.—Les jacobins étaient d'avis
qu'il ne devait plus y avoir d'écoles ni publiques
ni privées, qu'on se bornerait à conduire les enfants aux débats des clubs, où ils acquerraient
toutes les connaissances nécessaires à des républicains. — Quelques esprits de portée encore plus
sublime étaient à la fois contre les écoles et contre
les clubs, et conseillaient de ne faire étudier la génération nouvelle *que dans le grand livre de la nature.*—On a fini par admettre qu'il y aura un certain
nombre d'établissements publics, et même que les
gens pourront faire instruire leurs enfants chez
eux, sous l'inspection des autorités constituées,
qui empêcheront qu'on ne leur inculque des principes aristocratiques.

Restait un autre point à débattre : qu'est-ce que

les enfants devaient apprendre ? Presque chaque
député avait son article favori. La musique, la
physique, la *prophylactique*, la géométrie, la géo-
graphie, l'astronomie, l'arithmétique, l'histoire
naturelle, la botanique, furent toutes déclarées
nécessaires dans un système gratuit d'éducation
destiné surtout aux enfants des campagnes. Mais,
comme il ne s'agissait que d'écoles primaires pour
des enfants en bas âge, et qu'un maître payé
1,200 francs par an devait tout faire, on en vint à
un compromis, et l'on est convenu que pour le
présent les enfants de six ans n'apprendraient que
l'écriture, la gymnastique, la géométrie, la géo-
graphie, la philosophie naturelle, l'histoire de
toutes les nations libres et de tous les tyrans, les
droits de l'homme et les *chansons patriotiques.* Cependant, après tant d'années d'examen et de jours
de débat, l'Assemblée n'a pas fait plus qu'un be-
deau ou une vieille femme avec un abécédaire et
une verge n'aurait fait sans son intervention...
Toutes ces écoles primaires et secondaires, cen-
trales, et divergentes et normales n'existent encore
que dans les répertoires de la Convention [1].....

---

[1] D'après les rapports des Conseils en 1796, il est constaté que
ces systèmes révolutionnaires et savants d'éducation ne font pas de
progrès, qu'il y a maintenant des districts de 80,000 habitants où
l'on ne peut se procurer un maître d'école, et que, dans quelques-
unes des plus grandes villes de province, les précepteurs ne savent
pas l'orthographe.

Amiens, 26 novembre 1794.

... La barbarie révolutionnaire n'à pas été moins fatale aux œuvres d'art et d'élégance. En certains endroits, les orangeries furent vendues sur pied comme bois de chauffage, parce que, disait-on, les républicains avaient plus besoin de pommes et de pommes de terre que d'oranges. A Monceaux, on mit les scellés sur les serres, et toutes les plantes furent presque détruites. Des restes précieux de sculpture furent condamnés, parce qu'ils portaient un cimier, une fleur de lis, une couronne. L'ignorance des démolisseurs républicains déclara la guerre aux déités de l'Olympe païen, qu'ils confondaient avec des emblèmes féodaux. — Quantité de médailles curieuses furent fondues pour la valeur insignifiante du métal ; et, à Abbeville, un *Saint Georges* d'argent, d'un travail exquis, fut condamné au creuset... Pourtant, tous les fonctionnaires auteurs de ces méfaits étaient nommés par les délégués de l'Assemblée ; car on ne confiait pas aux premières cités de la république le droit de nommer même un sergent de ville.....

Amiens, 29 novembre 1794.

Le club des Jacobins de Paris a été fermé.....
Quand la nouvelle de cet événement arriva aux
départements, ce fut une joie universelle, non
pas une de ces joies *ordonnées*, comme on en voit
lors des succès des armes françaises (en effet,
ils sont accueillis avec beaucoup d'indifférence),
mais une joie véritable de cœur et d'extérieur.
Bien des personnes que je n'ai jamais vues affectées
au moindre degré par les événements politiques
paraissaient sincèrement charmées de celui-ci.....
Depuis cette disgrâce de la société mère, les clubs
des départements se sont dissous pour la plupart,
ou se sont réduits à de paisibles assemblées qui
écoutent la lecture des nouvelles et applaudissent
la Convention. Le peu d'emblèmes jacobins qui
subsistaient encore a tout à fait disparu ; il n'y a
plus d'autres vestiges du jacobinisme que les tom-
beaux de ses victimes et la désolation du pays.....

———

Amiens.

Je n'ose pas encore correspondre par la poste
avec mes amis de Paris, mais, lorsque l'occasion

s'en présente, ils m'envoient par des personnes privées des lettres longues et circonstanciées, les publications les plus lues et les pièces de théâtre les plus applaudies. J'ai parcouru un grand nombre de ces dernières, leur accordant une attention qu'elles ne méritent point par elles-mêmes, parce que je les considère comme un bon moyen de juger l'esprit du gouvernement et la morale du peuple.

Les drames produits au commencement de la révolution sont calculés, en général, pour corrompre les mœurs et le goût de la nation, et beaucoup d'entre eux sont écrits avec assez d'habileté pour atteindre leur but; mais ceux qui ont paru dans les deux dernières années sont si stupides et si dépravés, qu'il faut que ce goût et cette moralité aient été complétement atrophiés pour qu'ils aient été acceptés un seul instant.

La faute en est surtout au despotisme du gouvernement, qui a fait de la scène un pur engin politique et n'a admis à la représentation que des pièces qu'un homme honnête et intelligent n'aurait jamais consenti à écrire. Par là une foule d'écrivassiers, sans talent comme sans pudeur, sont devenus les directeurs exclusifs des amusements publics, et, si le bruit d'un théâtre constitue le succès, ils peuvent se flatter d'avoir mieux réussi que jamais Racine ou Molière. Si la pièce était trop immorale et trop ennuyeuse, on se garait de l'indignation publique en l'assaisonnant d'injures contre la monarchie et la religion ou d'une niche à l'adresse de M. Pitt. Un auditoire indigné ou impatient est trop heureux d'acheter une réputation de patriotisme en applaudissant des sottises qu'il trouve difficile à supporter. D'ailleurs le théâtre regorgeait d'espions, et il était dangereux de censurer une pièce révolutionnaire, si détestable qu'elle fût; peu de gens avaient le courage de critiquer un auteur patronné par les surintendants de la guillotine et qui pouvait récompenser un commentaire sur sa poésie par la prose significative d'un mandat d'arrêt. En conséquence, les hommes de lettres ont préféré leur liberté à leur goût, et ont applaudi au théâtre de la république plutôt que d'aller loger à Saint-Lazare ou à Duplessis.

Un nommé Sylvain Maréchal, auteur d'un ouvrage qu'il nomme philosophique, a écrit une sorte de farce représentée sur la plupart des théâtres et où tous les rois de l'Europe sont réunis comme autant de monstres; un personnage de la pièce demande pourquoi le roi de France ne se trouve point parmi eux; un Français répond : « Oh! il n'est pas là, nous l'avons guillotiné; nous lui avons coupé la tête, conformément à la loi. » — Dans une pièce, le héros est un criminel échappé des galères, et on le représente comme un patriote animé des plus sublimes principes; dans une autre, c'est le vertueux conducteur d'une troupe de bandits ; et, dans une troisième, c'est un laboureur devenu déiste et politique. — Mais, dans la plupart de ces misérables productions, l'absurdité est, par bonheur, aussi visible que l'intention immorale. Leurs princes, leurs prêtres, leurs nobles, sont tous vicieux, tyranniques et malheureux ; et cependant les gens du commun qui vivent sous ces tyrans vicieux sont représentés comme des modèles de vertu, d'hospitalité et de bonheur. Par conséquent, si les auditeurs de ces drames édifiants avaient l'habitude de raisonner, ils pourraient justement conclure que l'ignorance que le républicanisme veut chasser est désirable, et que la diffusion des richesses dont on les a flattés ne fera qu'accroître leurs vices et diminuer leur félicité.

Cependant il y a quelques esprits patriotiques qui, sentant cette décadence du théâtre français et déplorant le mal, ont dernièrement déployé beaucoup de talent pour en expliquer la cause. Ils ont fini par découvrir que toutes ces tragédies républicaines, farces plates et pesantes comédies, doivent être attribuées à M. Pitt, qui a jugé à propos de corrompre les auteurs pour dépraver le goût public... M. Pitt est accusé, tantôt avec le prince de Cobourg, tantôt seul, de corrompre tour à tour les officiers de la flotte et de l'armée, tous les banquiers et tous les fermiers, les prêtres qui

disent la messe, les gens qui y assistent, les chefs
des aristocrates et les conducteurs des Jacobins.
Les boulangers qui refusent de cuire quand ils
n'ont plus de farine et la populace qui murmure
quand elle n'a plus de pain, les marchands et les
boutiquiers qui préfèrent les espèces aux assignats, sont notoirement pensionnés par lui. Une
partie même des représentants et toutes les beautés
fragiles sont, à ce que l'on dit, enrôlés à son service. On trouvera cette multitude d'accusations
dans les journaux de l'Assemblée; et nous sommes
forcés d'en conclure ou que M. Pitt est le plus
habile homme d'État du monde, ou que la nation
française est la plus corrompue qui existe.

... Hier, nous avons dû loger quelques officiers
qui traversaient la ville avec un détachement pour
rejoindre l'armée du Nord. Comme ils passèrent
la soirée dehors, nous ne les vîmes pas; mais,
apprenant que l'un d'eux était un colonel et l'autre
un capitaine, nous crûmes poli ou plutôt nécessaire de les inviter à déjeuner. Nous fîmes donc
apprêter de bonne heure du café au lait (car les
Français prennent rarement du thé), et nous étions
tous assemblés avant l'heure ordinaire pour recevoir nos hôtes. Mais, comme ils ne paraissaient pas,
nous sonnions pour nous informer d'eux, lorsque
M. D. entra après sa promenade du matin, et nous dit
de nous tranquilliser à leur égard; car, en passant
le long de la cuisine, il avait vu le capitaine *fra-*

terniser devant des oignons, du pain et de la bière avec notre valet, pendant que le colonel était en conférence intime avec la cuisinière et surveillait une terrine de soupe qui cuisait pour son déjeuner. Nous avons appris depuis que ces héros acceptaient volontiers tout ce que les domestiques leur offraient, mais qu'ils refusaient absolument de s'approcher de nous ; tout cela, soyez-en sûr, non par timidité ou impolitesse, mais par ignorance. Selon M. D., nous ne pouvons nous défaire, la marquise et moi, de nos idées aristocratiques à l'endroit des militaires, et nos déshabillés de ce matin étaient plus coquets que d'habitude. Mais nos projets de conquête ont été désappointés par la malheureuse intervention de la soupe aux choux préparée par Bernardine, et par le ragoût d'oignons au fromage qui est le régal d'Eustache.

Amiens, 10 décembre 1794.

Il y a des gens en Angleterre qui croient les Français attachés à leur gouvernement, et qui appellent la France un pays de républicains... Quand le roi de France fut déposé, les Français, pris en masse, avaient une idée aussi nette de la république que des mathématiques, et auraient

compris les *Éléments* d'Euclide aussi bien que le
Contrat social. Néanmoins une assemblée composée des pires hommes et des plus audacieux de
chaque faction, élue au milieu des massacres et
de la proscription, du moment où elle se trouve
réunie, déclare, sur la proposition de Collot
d'Herbois, un comédien ambulant de mauvaises
mœurs, que la France sera une république. —
Admettons que les Français eussent alors l'envie
de changer leur forme de gouvernement ; personne, je crois, n'osera dire qu'une telle envie se
fût jamais manifestée ou que la Convention fût
élue de façon à pouvoir prendre légitimement cette
décision. Ses membres n'étaient point les élus du
peuple, mais, pour la plupart, des émissaires impo-
sés aux départements par les jacobins et la municipalité de Paris... Je le répète, la nation n'était pas
libre. A la vérité, les votes ne furent point achetés
par de l'argent, mais ils furent intimidés par les
horreurs du moment ; avec le règlement qui devait
être suivi dans les nouvelles élections, on faisait
circuler les détails des massacres d'août et de septembre[1]. Ainsi les Français n'ont choisi ni la forme

---

[1] Circulaire écrite par le comité d'inspection de la municipalité
de Paris à tous les départements de la république, et datée du
5 septembre, second jour des massacres :
« La municipalité de Paris est impatiente d'informer ses frères
des départements qu'une partie des féroces conspirateurs détenus dans les prisons a été mise à mort par le peuple. Cet acte de
justice lui a paru indispensable pour réprimer par la terreur ces
légions de traîtres qu'il aurait laissés derrière lui en partant pour

républicaine de gouvernement ni les hommes
qui l'ont décrétée ; ils ne sont donc pas républicains par principe. — Quant aux actes du gouvér-
nement républicain, ce sont les tribunaux révolutionnaires, les armées et comités révolutionnaires,
les emprunts forcés, les réquisitions, le maximum, toutes les sortes de tyrannies et d'iniquités
que l'homme puisse inventer ou souffrir. Pour employer les expressions de Rewbell, « la France
était dans le deuil et la désolation, toutes ses
familles plongées dans le désespoir, toute sa surface couverte de bastilles ; le gouvernement républicain était devenu si odieux, que le plus misérable esclave, courbé sous le poids de ses
chaînes, aurait refusé d'y vivre. » Supposer que
les Français sont dévoués à un système qui a servi
de prétexte à tant de crimes et qui a été la cause
de tant de malheurs, c'est dire qu'ils sont une nation de philosophes capables de souffrir, mais incapables de raisonner ; qu'ils souffrent des maux
de toute sorte pour défendre un principe qu'ils
comprennent à peine en théorie et qu'ils n'ont

l'armée. Il n'est pas douteux que la nation entière, après tant de
trahisons multipliées, ne se hâte d'adopter la même mesure salutaire. »— Signé par la Commune de Paris et par le ministre de la
justice.

Après cette injonction, qui se serait hasardé à s'opposer à un
membre recommandé par la municipalité de Paris ?

(Voir, à ce sujet, l'*Histoire de la Terreur* par M. Mortimer-
Ternaux, le seul ouvrage qui fasse connaître avec exactitude le
détail des élections.)   (Note du traducteur.)

connu en pratique que par les ravages qu'il a faits...

Ceux qui jugent la Convention par ses harangues journalières et par les vertus, la justice et les talents qu'elle s'attribue, doivent la croire grandement régénérée ; cependant, telle est la disette d'hommes capables et honorables, qu'André Dumont a été tour à tour président de l'Assemblée, membre du Comité de sûreté générale, et qu'il est maintenant membre du Comité de salut public.

Amiens, 16 décembre 1794.

... Des trente personnes qui ont été jugées avec Carrier comme ayant été ses agents et qui ont été convaincues de l'avoir assisté dans ses noyades, fusillades, etc., deux seulement ont été exécutées ; le reste est acquitté. Quoique les faits fussent prouvés, le jury révolutionnaire, qui a la conscience large, ne les a pas trouvés coupables d'intention. Je veux dire que les accusés étaient, sans conteste, les assassins de plusieurs milliers de personnes, mais que, selon les termes du verdict, ils n'avaient pas agi *dans des intentions contre-révolutionnaires.*

Voici quelques articles du verdict :

« Considérant que O'Sullivan est l'auteur et le complice de plusieurs noyades et de cruautés inouïes envers les victimes livrées aux vagues ;

« Que Lefèvre est convaincu d'avoir ordonné et fait exécuter une noyade d'hommes, femmes et enfants, et d'avoir commis divers actes arbitraires ;

« Que le général Héron est convaincu d'avoir assassiné des enfants et porté publiquement à son chapeau l'oreille d'un homme qu'il avait égorgé, et aussi d'avoir tué deux enfants qui gardaient paisiblement leurs troupeaux ;

« Que Bachelier est l'auteur et le complice des opérations conduites à Nantes, comme ayant signé des mandats d'arrêt arbitraires, imposé des taxes vexatoires, et pris pour lui-même de l'argenterie, etc., trouvée dans les maisons des citoyens arrêtés comme suspects ;

« Que Joly est coupable d'avoir exécuté les ordres arbitraires du comité révolutionnaire, d'avoir lié ensemble les victimes destinées à être fusillées ou noyées ; »

Et ainsi de suite pendant vingt-huit articles dont la conclusion est celle-ci :

« Tous ces individus étant convaincus des faits énoncés ci-dessus, mais n'ayant pas agi avec des intentions criminelles ou contre-révolutionnaires, le tribunal les acquitte et ordonne leur mise en liberté. »

..... L'une des horribles singularités de la révolution, c'est que les plus grands crimes qu'on y ait commis l'ont été par stricte obéissance aux lois. De là l'embarras de la Convention, tirée en deux sens par l'intérêt personnel et par la honte quand elle veut les punir. Nous n'avons qu'à comparer la conduite de Carrier, Lebon, Maignet, etc., avec les décrets d'après lesquels ils agissaient, pour être convaincus que leur principal crime fut d'être *capables* d'obéir. La Convention, qui a rendu froidement ces décrets d'extermination et de dévastation, ne trouvera pas plus de faveur aux yeux du moraliste que ceux qui les ont exécutés.

---

24 décembre 1794.

Je suis maintenant dans un village à quelques milles d'Amiens; après avoir donné caution en la forme ordinaire, nous avons reçu la permission d'y venir faire une visite de quelques jours à des parents de madame de D... A notre arrivée, nous avons trouvé la dame de la maison en camisole de nankin, se tricotant des bas de fil gris pour elle-même, et le gentilhomme en gros pantalon et jaquette de laine, travaillant aux champs et aussi rudement que ses hommes. Ils espèrent échapper à la persécution en prenant l'occupation et l'habit des fermiers. Cette politique est peut-être utile à ceux qui n'ont pas grand'chose à perdre ; mais la propriété est maintenant une distinction plus dangereuse que la naissance ; ceux qui la possèdent sont toujours considérés comme les ennemis de la république et traités en conséquence.

Nous avions été si étroitement renfermés pendant les douze derniers mois, que nous fûmes heureux hier de monter « à cheval » en dépit du froid ; nos hôtes se procurèrent des ânes pour les dames, et nous accompagnèrent à pied. Pendant notre promenade, nous entrâmes en conversation avec deux vieillards et un jeune garçon qui travaillaient dans un champ sans clôture, près de la route. Ils nous dirent qu'ils n'étaient pas robustes au travail, parce qu'ils n'avaient pas leur quantité de pain ordinaire, que leur bonne dame (dont nous vîmes le château à distance) avait été guillotinée, que sans cela ils n'auraient manqué de rien. — « Et cette pauvre Javotte, elle n'aurait pas eu à travailler, quand elle est quasiment prête à mourir. — Mon Dieu, dit l'autre vieillard, qui n'avait pas encore parlé, pour ravoir notre bonne dame, je donnerais bien ma portion de sa terre.—Ah ! pour ça, oui, répondit le premier ; mais je crois que nous n'aurons ni l'une ni l'autre ; voilà cette maudite nation qui s'empare de tout. »

Pendant qu'ils tenaient ces propos, une berline

et quatre cabriolets avec des drapeaux tricolores aux portières et un escadron complet de garde nationale passèrent sur la route. « Vive la République! Vive la nation! » crièrent nos paysans à l'instant même. Sitôt que la cavalcade fut hors de vue, ils nous dirent : — « Voyez cette gueusaille-là ; quel train! c'est vraiment quelque député de la Convention. Ces brigands-là, ils ne manquent de rien, ils vivent comme des rois, et nous, nous sommes plus misérables que jamais! — Tais-toi! tais-toi! dit le vieux, qui semblait le moins bavard des deux. — N'aie pas peur, répondit l'autre, ces dames et ces messieurs sont de braves gens ; ils n'ont pas l'air de patriotes. » — Ayant reçu ce compliment sur nos personnes et notre extérieur, nous prîmes congé d'eux.

Je découvris néanmoins, grâce à cette petite conversation, que quelques paysans croient encore qu'on leur partagera les terres de la noblesse, conformément à un décret sur ce sujet. La dame qu'ils regrettaient et dont ils espéraient se partager le domaine était la marquise de B... qui avait quitté le pays avant la révolution pour aller boire les eaux minérales d'Allemagne, mais qui, n'étant point revenue dans les délais prescrits, avait été déclarée émigrée. Par le moyen d'un ami, elle s'adressa à Chabot, alors très-populaire; celui-ci, moyennant cent mille livres, lui procura un passe-port du conseil exécutif pour rentrer en France. Sur la foi de cette pièce, elle se risqua à rentrer et fut, malgré son passe-port, exécutée comme émigrée.

———

24 décembre 1794.

Madame D..., qui n'est pas encore assez bien portante pour faire une expédition comme la nôtre, et qui d'ailleurs n'est pas accoutumée à nos montures, était restée au logis. Nous trouvâmes qu'elle avait été fort alarmée pendant notre absence, chaque maison du village ayant été visitée par ordre du district pour une perquisition de grains, et deux des chevaux de la poste voisine ayant été saisis pour transporter le cortége du député que nous avions vu le matin. Mais tout était tranquille à notre arrivée, on se réjouissait que les choses ne fussent pas pires, quoique M. D... semblât craindre beaucoup pour ses chevaux, et nous nous mîmes à table pour souper.

Le frère de notre hôte, qui a quitté l'armée lors de l'exclusion générale de la noblesse et qui, ensuite, a été détenu au Luxembourg jusqu'après la mort de Robespierre, fait métier d'homme d'esprit ; il a écrit des paroles pour plusieurs airs populaires, et a mis en tragédie l'une des Vies de Plutarque. Quand nous fûmes au dessert, il nous amusa en nous répétant quelques-unes de ses compositions de prison, une épigramme sur la guillotine, une demi-douzaine de calembours sur la mauvaise chère de la gamelle, et une ode sur la victoire républicaine de Fleurus. Cette dernière fut écrite dans un moment où il s'attendait à chaque heure à partir pour la guillotine avec la prochaine fournée de prétendus conspirateurs ; elle respire néanmoins le plus ardent attachement pour la Convention et se termine par un grand vers pompeux sur les tyrans et la liberté. Ces sortes d'effusions étaient peut-être alors un moyen d'obtenir une mise en liberté ou d'éviter la mort.....

On pourrait rassembler des volumes de *jeux d'esprit* écrits dans les différentes prisons en des circonstances pareilles ; et c'est en France seulement, je crois, qu'on pourrait trouver une pareille collection...

Après le café, quand tous les domestiques se furent retirés, il nous lut d'autres bagatelles plus agréables à nos principes, sinon à notre goût, et dans lesquelles la Convention était traitée avec plus de sincérité que de complaisance. Il semble que le zèle du poëte pour la république se soit évanoui à sa sortie du Luxembourg... Le soir, nous jouâmes une partie de reversis avec des cartes républicaines [1], et nous entendîmes les enfants chanter *Mou-*

---

[1] Les quatre rois étaient remplacés par quatre génies, les reines par des Libertés, et les valets par des figures de l'Égalité.

rons pour la patrie... En me déshabillant, je remarquai qu'Angélique avait l'air extrêmement mélancolique ; questionnée là-dessus, elle me répondit :
— « C'est que je m'ennuie beaucoup ici, mademoiselle » (car aucune condition ni profession n'est exempte en France de cette sensation élégante). — « Et pourquoi, je vous prie ? — Ah ! quelle triste société ! Tout le monde est d'un patriotisme insoutenable ; la maison est remplie d'images républicaines, des Marat, des Voltaire, des Lepelletier, que sais-je, moi ? Et voilà jusqu'au garçon d'écurie qui me traite de *citoyenne !* » — Je ne jugeai pas à propos de l'éclairer sur les principes véritables de nos amis, et je me couchai en réfléchissant aux perfectionnements que la révolution a apportés dans l'art de dissimuler. La terreur a soumis les sentiments les plus opposés à une telle uniformité de dehors et d'expression, qu'un aristocrate ruiné et persécuté par le gouvernement ne peut plus être distingué d'un jacobin qui s'y est enrichi.

Le matin, la contenance d'Angélique s'était éclaircie ; je trouvai qu'elle avait dormi dans la même pièce que la femme de chambre de madame et qu'elles s'étaient expliquées sur leur foi politique. Angélique m'assura que mademoiselle Augustine était très-honnète au fond, quoique obligée de faire la républicaine. Le monde est un théâtre, dit Shakespeare ; et ici nous n'avons pas d'autre choix que de jouer la farce ou d'être immolés dans la tragédie.

---

27 décembre 1794.

J'ai profité de l'occasion pour aller voir, à quatre lieues d'ici, une ancienne amie de couvent que je n'avais pas revue depuis mon séjour à Orléans, en 1789.

L'histoire de madame de Saint-E... ?ressemble à un roman. N'ayant que peu de fortune, elle épousa à seize ans un gentilhomme de mœurs dissipées, qui, au bout d'un an, s'en alla en Italie, la laissant chez son père. Un autre gentilhomme dont elle était parente éloignée s'attacha à elle sans qu'elle l'aimât; elle refusa de profiter de la loi du divorce pour s'unir à lui ; désespéré, il s'engagea dans l'armée républicaine. Il y fut tué, et son père, qui était sourd, fut bientôt guillotiné comme conspirateur. Le père de madame de Saint-E... et son mari, qui était revenu en France sous un déguisement, eurent le même sort. Elle-même fut arrêtée avec ses sœurs ; l'aînée, faible de la poitrine, est devenue plus malade en prison, et maintenant elle est perdue. Madame de Saint-E... la soigne et fait l'éducation de sa plus jeune sœur.....

Madame de Saint-E... me dit que sa fortune

est réduite maintenant à quelques louis et à six ou sept mille livres en diamants, et qu'elle ne veut pas être à la charge de sa tante qui n'est pas riche; elle songe à tirer parti de son talent musical, qui est vraiment distingué. Mais je ne pouvais, sans angoisse, voir une jeune femme élégante, le cœur demi-brisé, se proposer de gagner sa vie en enseignant la musique. Je ne crois pas que j'aie jamais passé une journée aussi mélancolique. L'après-midi, nous nous promenâmes dans le sentier qui mène au cimetière du village. L'église était fermée, le toit en partie dépouillé de ses tuiles, les fenêtres brisées; les croix de bois que la tendresse ou la piété des vivants avaient élevées en souvenir des morts étaient brisées et dispersées çà et là. Deux journaliers et un forgeron en son costume de travail vinrent pendant que nous étions là, jetèrent à la hâte un grossier cercueil de bois dans un trou creusé à cet effet, recouvrirent la fosse et s'en allèrent sans plus de cérémonie. C'était pourtant le corps d'une dame regrettée par une famille nombreuse qui était obligée de réprimer à la fois ses affections et ses préjugés et de l'enterrer selon la mode républicaine[1].....

---

[1] Il était défendu, sous des peines sévères, aux parents ou aux amis des morts de suivre leurs restes au cimetière.

Amiens, 25 janvier 1795.

La meilleure preuve que le gouvernement républicain de la France fut originellement fondé sur des principes de despotisme et d'injustice, c'est la faiblesse et l'anarchie où il semble tomber sitôt qu'il dévie de ces principes. Il est fort pour détruire et faible pour protéger ; car, ayant pour soutien le pouvoir des méchants et la soumission des timides, il est abandonné et contredit par les uns lorsqu'il cesse de piller ou d'opprimer, tandis que les autres, gardant leurs craintes et leurs habitudes, sont aussi peu disposés à le défendre lorsqu'il s'adoucit qu'ils étaient incapables de lui résister lorsqu'il sévissait.

Les réformes qui ont eu lieu depuis la mort de Robespierre, insuffisantes pour les demandes de l'équité, sont cependant assez grandes pour détendre le ressort du gouvernement. On s'est aperçu qu'un pouvoir indéfini ne peut rester longtemps dans les mêmes mains sans devenir une tyrannie. C'est pourquoi les comités de salut public et de sûreté générale sont renouvelés par quart tous les mois. Aussi personne ne peut deviner pendant le mois le système qui pourra être adopté le mois suivant ; l'admission de deux ou trois nouveaux membres jacobins suffirait pour exciter une alarme universelle. Tous les jours on sent ce mélange de principes que l'intrigue, l'intimidation, la nécessité du moment introduisent dans les comités. Si la langueur et la versatilité du gouvernement ne sont pas plus apparentes, c'est que les habitudes de soumission durent encore, et que la force de la terreur opère encore dans les canaux, quoique la source en soit appauvrie. S'il s'agissait maintenant de lever des armées ou d'inventer le moyen de les payer, on ne le pourrait plus ; mais, une fois mises en mouvement, elles continuent à agir, et jusqu'à un certain degré les réquisitions leur fournissent encore le nécessaire.

Non-seulement la Convention a perdu beaucoup de son pouvoir réel, mais sa tenue est devenue plus méprisable que jamais. Tant qu'elle était courbée de frayeur sous le ton imposant de ses comités, elle était passablement décente. Mais, maintenant que cette contrainte a disparu, le tumulte scandaleux de ses débats s'accroît ; elle montre tout ce qu'on peut imaginer d'un assemblage d'hommes dont la plupart, très-probablement, ignorent ces convenances salutaires qui corrigent les passions et adoucissent le commerce de la société polie. Chacun d'eux met en doute la véracité de l'autre avec une franchise vraiment démocratique et, fraternellement, du premier coup, ils en arrivent aux démentis. Dernièrement, un certain Gaston, en pleine assemblée, s'avança avec une canne pour rosser Legendre ; et on est parfois obligé de retenir Cambon et Duhem par les bras et par les jambes pour les empêcher de tomber sur Tallien et Fréron...

Les Français, qui sont obligés de célébrer les dates de tant d'événements révolutionnaires, qui ont démoli des bastilles et renversé des tyrans, semblent être en ce moment dans un état d'enfance politique, comme un peuple qui lutte contre le despotisme, et se dégage péniblement de l'ignorance et de la barbarie. On se demande ce qu'ils ont gagné à la révolution, quand toute l'éloquence factice de Tallien s'emploie en vain pour obtenir quelques limitations aux emprisonnements arbitraires, quand Fréron harangue avec autant d'efforts et aussi peu de succès en faveur de la liberté de la presse, quand Grégoire plaide pour la liberté des cultes, Eschassériaux pour celle du commerce, et toutes les sections de Paris pour celle des élections. Ainsi, après tant d'années de souffrances et une si grande destruction de tout ce qui est précieux, les priviléges politiques, civils, religieux de ce pays dépendent d'un vote de la Convention.

Amiens, 23 janvier 1795.

L'Assemblée a écouté impatiemment le discours de Grégoire sur la tolérance ; elle a passé à l'ordre du jour, demandé à haute voix les décades et les fêtes de la liberté universelle, de la postérité, du stoïcisme, de la république, de la haine aux tyrans, etc. Mais le peuple, qui ne comprend rien à ce nouveau culte, soupire après les saints de ses ancêtres, et trouve saint François d'Assise ou saint François de Sales plus capables de lui fournir les consolations spirituelles que les carmagnoles, les homélies politiques, et les déesses de la liberté en carton... Néanmoins, ce discours a été une sorte de triomphe pour les gens religieux. On ne parle plus que de la restauration des églises et de la réinstallation des prêtres. Les boutiques sont déjà ouvertes les jours de décade, et les décrets de la Convention, qui forment la principale partie de l'office républicain, ne sont plus lus qu'à quelques enfants inattentifs ou aux murailles nues [1]. Ce matin, ma femme de chambre m'a dit un secret si important qu'elle ne pouvait le garder pour elle : on lui a promis de la présenter à un bon prêtre (le peuple appelle ainsi ceux qui n'ont pas prêté serment), qui recevra sa confession à Pâques. Les fêtes du nouveau calendrier sont aujourd'hui raillées publiquement et avec très peu de respect...

La saison et rigoureuse, bien au au delà de ce que je me rappelle jamais avoir vu. Le thermo-

---

[1] Quand la cloche sonnait le jour de la décade, le peuple avait coutume de dire que c'était la *messe du diable*.

mètre était ce matin à 14 degrés 1/2 ; le vent est
excessivement froid ; chaque parcelle d'air pique
comme un dard. Je suppose qu'en Angleterre vous
vous arrangerez de façon à avoir chaud, mais ici
cela n'est pas possible. Les maisons ne sont pas
meublées ni construites en vue du climat ; les vents
glacés entrent par toutes sortes d'ouvertures qui
semblent avoir été faites pour recevoir la brise
rafraîchissante sous un soleil italien. Les tentures
de satin de ma chambre ondulent à chaque seconde.
Deux « Cupidons d'argent agréablement appuyés sur
leurs armes » soutiennent un feu de bois dont il
faut s'occuper incessamment pour l'empêcher de
s'éteindre ; et toutes les illusions que pourrait me
donner un gracieux bosquet d'orangers représenté
sur le tapis qui est à mes pieds sont dissipées par
un détestable hiatus d'environ un pouce entre le
parquet et les lambris. Nous avons, en outre, tant
de fenêtres symétriques, tant de portes surnumé-
raires, tant de passages qui ne mènent à rien,
que tout notre talent anglais pour inventer en fait
de confortable n'aboutit à rien. Les premiers jours
où le froid devint si insupportable, nous essayâmes
de vivre entièrement dans la salle à manger, qui
est chauffée par un poêle ; mais, pour les gens qui
n'en ont pas l'habitude, l'espèce de chaleur qu'il
dégage est si accablante et si amollissante, que
nous sommes retournés à notre grande cheminée
et à notre feu de bois. Les Français comptent plus

sur la chaleur de leurs habits que sur l'arrangement de leurs appartements ; ils sont ouatés et
fourrés comme s'ils allaient faire une partie en
traineau. Néanmoins, en général, même en y comprenant leurs compatriotes des départements du
Midi, ils sont moins sensibles au froid que les
Anglais.

————

Amiens, 30 janvier 1795.

Delacroix, auteur des *Constitutions de l'Europe*,
vient de publier un ouvrage qu'on lit beaucoup,
et qui a excité si fortement le déplaisir de l'Assemblée que l'écrivain, en manière de critique pré-
liminaire, a été arrêté. Son livre est intitulé le
Spectateur français pendant la révolution... Un
observateur superficiel serait étonné en voyant
avec quelle avidité on lit toutes les doctrines dé-
fendues. Tous les écrits de ce genre, c'est-à-dire
tout ce qui est favorable aux rois ou à la r ligion,
est compris par les gens du plus bas étage... Un
almanach avec une plaisanterie contre la Convention, un couplet en faveur du royalisme passe mystérieusement de main en main dans la moitié de la
ville, et une brochure plus sérieuse, mais animée
des mêmes principes, est véritablement la *bonne
bouche* pour nos gourmands politiques.

En fait, il n'y a pas de liberté de la presse. Il est permis d'écrire contre Barère ou les jacobins, parce qu'ils ne sont plus au pouvoir; mais le moindre mot irrévérencieux contre la Convention attire plus certainement une lettre de cachet que ne l'aurait fait jadis un volume de satires contre les ministres de Louis XIV. La seule période où la France ait connu réellement la liberté de la presse fut pendant les années du dernier roi qui précédèrent immédiatement la révolution... Après le 14 juillet 1789, la littérature politique fut plus tyrannisée par la populace et par la crainte de la lanterne qu'elle ne l'avait jamais été par les ministres et par la peur de la Bastille, et, le 10 août 1792, tout vestige de la liberté de la presse disparut [1]. Sous les brissotins, il était mortel d'écrire et hasardeux de lire tout ouvrage qui tendait à disculper le roi, à censurer sa déchéance et les massacres qui l'avaient suivie. Du temps de Robespierre, le même système ne fit que passer en d'autres mains; il prévaudrait encore sous les modérés, si leur tyran-

---

[1] « Quel homme impartial parmi nous n'est pas forcé de reconnaître que, depuis la révolution, il est devenu dangereux pour chacun, je ne dis pas d'attaquer le gouvernement, mais d'émettre des opinions contraires à celles que le gouvernement a adoptées ? » (Discours de Jean-Bon Saint-André, 50 avril 1795.)

Une loi fut adoptée le 1er mai 1795, peu de temps après le moment où cette lettre fut écrite, prononçant la transportation contre ceux qui, en paroles ou en écrits, pousseraient au mépris de la représentation nationale; si l'offense était commise publiquement ou devant un certain nombre de personnes, la peine était la mort.

nie n'était restreinte par leur faiblesse. Ce n'est qu'après quelque temps que je me suis hasardée à recevoir par la poste *l'Orateur du peuple*, de Fréron ; il y a de grandes difficultés à se procurer en province même les pamphlets écrits avec la plus grande prudence ; et cela n'est pas étonnant, quand on se rappelle que beaucoup de gens ont perdu la vie pour s'être abonnés à un journal, ou pour avoir eu en leur possession un ouvrage qui, lorsqu'ils l'avaient acheté, n'était pas encore interdit.

Comme le gouvernement avait paru dans ces temps derniers moins indigne d'un peuple civilisé, on s'attendait à ce qu'il ne célébrerait pas l'anniversaire de la mort du roi. Mais la Convention en a décidé autrement ; sa troupe de musiciens a reçu l'ordre de jouer comme d'ordinaire aux jours de fêtes. Le chef d'orchestre eut le probablement bon sens et le bon goût de supposer qu'un pareil événement, fût-il justifiable, ne pouvait jamais devenir un sujet de réjouissances ; c'est pourquoi il fit choix de mélodies plutôt tendres que gaies. Mais ce mode lydien, bien loin d'avoir l'effet adoucissant qui lui est attribué par Scriblerus, mit plusieurs députés en fureur ; et le chef d'orchestre fut réprimandé pour avoir osé insulter les oreilles de la législature en lui faisant entendre des airs qui semblaient une lamentation sur la mort du tyran. Le musicien effrayé pria pour qu'on entendît sa défense : il déclara qu'il n'avait entendu exprimer par ces airs tendres que *la tranquillité et le bonheur* dont on jouissait sous la constitution républicaine, et là-dessus il entonna le *Ça ira*....

Notre sommeil a été troublé depuis quelque temps par les inquiétudes patriotiques que nous cause le danger de la Hollande, et la prise de Maëstricht m'a presque donné la jaunisse ; mais les Français nous ont appris la philosophie, et leurs conquêtes paraissent leur procurer si peu de plaisir, que nous en entendons parler nous-mêmes avec moins de peine. Il est vrai que la Convention a été d'abord très-enorgueillie par les dépêches d'Amsterdam ; elle s'est crue à la veille de dicter des lois à toute l'Europe. On ordonna aux églises de sonner leur unique cloche, et les gasconnades des bulletins étaient plus pompeuses que jamais ; mais la nouveauté de l'événement est bien vite passée et aujourd'hui la conquête de la Hollande excite moins d'intérêt que le dégel. L'esprit public est absorbé par des nécessités ou des afflictions privées ; des gens qui ne peuvent se procurer ni pain ni feu, même lorsqu'ils ont de l'argent pour les payer, ne regardent pas comme un dédommagement de lire que deux députés sont logés dans le palais du stathouder ; et les triomphes de la république ne consolent pas les familles qu'elle a pillées et décimées.

L'esprit, rétréci et absorbé par cette chasse per-

pétuelle aux objets de première nécessité [1], préoc-
cupé sans cesse d'éviter les contraintes d'un gouvernement jaloux, n'est plus susceptible, pour les
événements généraux et lointains, de ce vif intérêt
qui est l'effet de la sécurité. Toutes les victoires
récentes n'ont pas calmé le mécontentement des
Parisiens, qui sont obligés de grelotter pendant des
heures à la porte des boulangers pour obtenir, à
des prix extravagants, une portion de pain infini-
tésimale...

Je demandais à un homme qui sciait du bois ce
matin pour nous pourquoi les cloches avaient
sonné toute la nuit. — « On m'a dit, répondit-il,
que c'était pour quelque ville qu'un général de la
république aura prise. Ah! cela nous avancera
beaucoup! la paix et du pain feraient, je crois,
bien mieux notre affaire que toutes ces conquêtes. »
— Je lui dis qu'il devrait parler avec plus de prudence. — « Mourir pour mourir, dit-il presque
gaiement, autant la guillotine que de mourir de
faim. Ma fille n'a pas eu de pain depuis deux jours;
je suis allé dans un village voisin pour acheter du
blé, mais les paysans, qui sont jaloux et trouvent
que les gens de la ville emportent déjà trop de
chez les fermiers, m'ont battu si fort, que je suis
à peine en état de travailler. » — Il est vrai que
la détresse dans les basses classes est affligeante.

---

[1] « Chacun se concentre aujourd'hui dans sa famille et calcule
ses ressources. » Discours de Lindet.

La ville entière, pendant plusieurs semaines, a été réduite à une demi-livre de pain par jour et par personne. Encore cette ration n'était que nominale, car il est arrivé maintes fois qu'on n'a rien distribué pendant plusieurs jours de suite et que la ration a été réduite à quatre onces. Or les pauvres, qui sont habitués à ne manger guère autre chose, en consomment chacun en temps ordinaire au moins deux livres.

Nous avons eu ici un deputé brutal, à figure vulgaire, un certain Florent-Guyot, qui a harangué sur les beautés de la patience et sur la magnanimité de souffrir la faim pour le bien de la république. Mais cette doctrine n'a fait que peu de prosélytes. Cependant, par une lettre de Florent-Guyot à la Convention, nous apprenons que les Amiénois sont d'excellents patriotes et qu'ils meurent de faim avec la meilleure grâce possible....

Beauvais, 13 mars 1795.

Depuis ma dernière lettre, le gouvernement a gagné beaucoup du côté de la décence et de la modération ; et, quoique les Français jouissent d'aussi peu de liberté que les Algériens, qui sont presque leurs seuls alliés, cependant leur terreur commence à se dissiper. Ils temporisent avec un despotisme qu'ils n'ont pas l'énergie de détruire, et se réjouissent en voyant suspendues les oppressions qui, au bout d'un jour et même au bout d'une heure, peuvent se renouveler. Personne ne prétend avoir aucune confiance en la Convention ; mais nous avons le repos, sinon la sécurité ; et, parmi une quantité d'actes de détail arbitraires, incompatibles avec un bon gouvernement, le système politique est indubitablement amélioré. La justice et la voix du peuple ont fini par provoquer l'arrestation de Collot, Barère et Billaud ; cependant plusieurs pensent que ce sera là tout leur châtiment. Car un jugement, surtout celui de Barère, qui a le secret de toutes les factions, porterait la lumière dans trop de mystères révolutionnaires et de réputations patriotiques.

... Une victoire plus manifeste et plus populaire des royalistes est l'acquittement de Delacroix. Le jury a été changé après l'affaire de Carrier, et à présent il est mieux composé ; pourtant on doit plus particulièrement attribuer le salut de Delacroix à l'attitude menaçante du peuple, qui était pour lui. Le verdict fut accueilli par des acclamations et des applaudissements, et Delacroix, qui avait proposé si patriotiquement d'épurer la Convention en envoyant en Amérique plus de la moitié de ses membres, a été rapporté chez lui en triomphe sur les épaules de la populace...

... On croit généralement que la Convention contient un fort parti de royalistes ; bien que cela puisse être vrai dans une certaine mesure, je crois plutôt que l'impulsion *donnée par l'opinion publique* est prise à tort pour une tendance qui appartiendrait à la Convention elle-même. Mais, quoi qu'il en soit, ni les accusations des jacobins ni les espérances du peuple n'ont été capables de s'opposer au progrès d'un sentiment qui, chez un peuple comme les Français, est plus fatal à une assemblée que la haine ou le mépris lui-même. La longue durée de cette désastreuse législature excite une lassitude universelle ; on discute moins à présent les crimes de chaque député que l'insignifiance de tout l'assemblage, et les épithètes de *tarés, usés, corrompus*, ont presque remplacé celles de *coquins* et de *scélérats*...

Les gens qui ont loué leurs terres à bail ou qui ont des rentes sur l'hôtel de ville reçoivent les assignats au pair. De plus, les gages de la classe pauvre qui travaille de ses mains sont comparativement faibles. Ce qui était il y a cinq ans une jolie fortune suffit à peine maintenant à entretenir son propriétaire ; et les revenus moindres qui suffisaient alors fournissent à peine aujourd'hui le strict nécessaire. Un ouvrier qui gagnait jadis 25 sous par jour a maintenant 5 livres ; et vous donnez à une couturière 50 sous au lieu de 10. Mais la viande, qui ne coûtait que 5 ou 6 sous la livre, quand les gages étaient de 25, coûte maintenant de 50 sous à 3 francs la livre, et tous les autres articles sont montés dans la même proportion ou dans une proportion plus grande. Ainsi, le salaire journalier d'un homme, au lieu de lui procurer 4 ou 5 livres de viande, comme avant la révolution, ne peut plus lui en procurer qu'une...

Pendant que la table de ceux qui jadis étaient riches devenait frugale, des changements analogues et proportionnés s'opéraient dans les classes inférieures. La suppression des équipages dorés est si loin de diminuer le nombre des sabots que, pour une paire de sabots qu'on voyait autrefois, on en voit dix. Les seuls Lucullus du jour sont une bande d'aventuriers qui, sortis des prisons ou des maisons de jeu, ont fait leur fortune en spéculant. Ces hommes, ainsi que les innombrables agents du gouvernement enrichis par un pillage plus direct, vivent dans un luxe grossier et dissipent avec une profusion insouciante des richesses que leur condition primitive et leurs habitudes les empêchent d'employer à de meilleurs usages.

Quoique les circonstances obligent les gens qui vivent sur leur revenu à beaucoup d'épargne dans leur intérieur, on voit renaître partout le goût national pour les modes et la toilette. L'effort pour réconcilier l'économie et l'élégance a introduit dans l'habillement des contrastes assez bizarres ; pourtant nos élégantes françaises les adoptent avec gravité. Par suite des désordres du midi de la France et de l'interruption du commerce maritime, le savon est non-seulement cher, mais difficile à se procurer, n'importe à quel prix. Nous l'avons payé jusqu'à 5 fr. en argent la livre. De là vient que l'on voit sur la même personne une perruque blonde et des bas gris, des chaînes et médaillons d'or avec un mouchoir de couleur, une collerette déteinte et une chemise à la Sapho portée depuis si longtemps qu'elle rappelle plutôt la pieuse reine Isabelle que la poétesse grecque. Madame Tallien qui, à ce qu'on suppose, dicte de temps en temps les décrets de la Convention, préside avec un empire plus avoué et plus certain dans le royaume de la mode; et les draperies turques qui peuvent flotter gracieusement sur une taille comme la sienne, sont imitées par de rondes et surabondantes fatimas, devant lesquelles on regrette même les corps de jupe serrés et la minceur forcée de nos grand'mères.

... Beauvais, où je suis, a été pendant quelque temps sous le joug d'une armée révolutionnaire ; comme les habitants s'opposaient à ses exactions et à ses désordres, un décret de la Convention déclara la ville en état de rébellion ; et cet anathème, qui autorise les tyrannies de toute espèce, n'a été levé que longtemps après la mort de Robespierre. Un spécimen semblable du gouvernement républicain a rendu les habitants précautionnés et a multiplié parmi eux les dehors du patriotisme. Quand ils sont sûrs des gens avec qui ils se trouvent, ils s'expriment sans réserve sur leurs législateurs et sur les misères de leur pays ; mais la conversation et le commerce de la société sont bien plus timides ici qu'à Amiens.

Deux messieurs dînèrent avec nous hier ; comme je les sais zélés royalistes et qu'ils se connaissent, je ne me fis pas scrupule de montrer une gravure qui commémore mystérieusement la mort du roi, et que je venais de recevoir de Paris par une entremise privée. Ils parurent alarmés et affectèrent de ne pas comprendre. Voyant que j'avais eu tort, je remis la gravure en place sans plus d'explications ; mais l'un et l'autre vinrent me faire visite le soir, et chacun d'eux séparément me fit réproche d'avoir ainsi dévoilé ses sentiments à l'autre. Voilà un bien petit incident ; pourtant il peut expliquer en partie la grande énigme de la révolution, à savoir pourquoi il n'y a point de résistance effective contre un gouvernement secrètement détesté. La politique de tous les révolutionnaires a été de détruire la confiance qui est le ciment de la société ; les calamités de l'an dernier, jointes au système d'espionnage et de dénonciations, produisent une appréhension et une défiance qui empêchent l'union et arrêtent toute entreprise ayant pour but de rendre la liberté au pays.

Amiens, 12 avril 1795.

Madame D... reçoit une lettre de Paris, dont je vous communique quelques extraits :

« Nous sommes tranquilles en ce moment, mais la disette de pain est intolérable, et de temps en temps le peuple attaque les boutiques des pâtissiers ; on appelle cela par plaisanterie la guerre du pain bis contre la brioche. Dieu sait que ce n'est point la qualité, mais la rareté du pain qui excite ces mécontentements...

« Nous recevons en ce moment les deux pains que vous nous avez envoyés. Ma sœur se joint à moi pour vous remercier. Pourtant, votre envoi est vraiment le bienvenu, car j'ai passé plusieurs jours sous les armes, et je n'ai pas eu le temps de faire mes excursions habituelles en quête du pain. »

Ce matin est arrivée la nouvelle que la Convention se proposait de se dissoudre. Nous sortîmes dans la ville jusqu'au dîner ; dans toutes les rues, les gens formaient des groupes et discutaient vivement. Nous rencontrâmes une personne de notre connaissance. Au lieu des salutations ordinaires, elle s'écria : « Nous voilà quittes ; ils s'en vont, les brigands ! » Je remarquai diverses rencontres de cette sorte. Les gens sautillaient et caracolaient, comme incapables de contenir leur satisfaction. On ne parlait de rien que du « petit » (le jeune

Louis XVII) et des nouvelles élections ; j'observai avec plaisir que tout le monde était d'accord pour exclure tous les députés actuels.

Nous passâmes deux jours dans ces agréables rêves, puis nous apprîmes que la Convention, sans autre motif que le désir patriotique de servir son pays, s'était décidée à ne pas quitter son poste. A ce moment, nous étions dans une extrême disette de pain ; la distribution n'était que d'un quart de livre par jour ; quantité de gens qui, à d'autres égards, étaient à leur aise, ne recevaient rien du tout. Cette détresse, jointe peut-être à la mauvaise humeur que causait la déclaration des représentants, produisit une fermentation violente dans le peuple, et, le second jour du mois, il était en révolte ouverte. Le magasin de blé destiné à l'armée fut assiégé, les couleurs nationales insultées. Blanc, un député qui est ici en mission, fut arraché de l'Hôtel de Ville et obligé par la populace furieuse de crier : *Vive le roi !* Ces désordres continuèrent jusqu'au jour suivant et furent enfin apaisés par une petite distribution de farine qu'on prit dans les magasins.

Amiens, 12 avril 1795.

Dans les débats de la Convention, on attribue tout ce mouvement aux jacobins, quoiqu'on sache bien qu'ils n'ont aucune influence ici. Moi et tous les habitants d'Amiens, nous pouvons attester que cette révolte, si elle a un caractère politique décidé, est une effervescence de royalisme.

A Rouen, Abbeville et dans d'autres endroits, les arbres de la liberté (ou plutôt de la république) ont été abattus, le drapeau tricolore déchiré, et pendant quelques jours le cri de : *Vive le roi !* a été prédominant. Cependant, on a eu recours au même mensonge, et on a déclaré que ces villes avaient épousé la cause qu'elles détestent le plus.

Je reconnais que la principale source de ces excès inutiles est la famine, et que c'est principalement dans les basses classes qu'ils recrutent leurs auteurs. Mais le même mobile et la même classe de peuple ont servi d'instruments pour amener la révolution, et aujourd'hui, comme en 1789, les pauvres cherchent dans un changement de gouvernement le remède à leurs souffrances accumulées. La masse de l'humanité est plus aisément trompée par l'espérance qu'éclairée par l'expérience. Les Français, ayant appris des révolutionnaires à chercher dans les changements de gouvernement un soulagement que ces changements ne peuvent don-

ner, espèrent maintenant que la restauration de la
monarchie produira l'abondance, tout comme ils
croyaient jadis que leurs premiers efforts pour la
renverser banniraient la disette...

Amiens, 9 mai 1795.

Pendant que toute l'Europe suit probablement
avec sollicitude les progrès des armées françaises
et les variations de leur gouvernement, les Français eux-mêmes, presque indifférents à la guerre
et à la politique, ne pensent qu'à détourner les
horreurs de la famine. La nouvelle importante du
jour est la ration qu'on distribuera ; le siége de
Mayence ou le traité avec la Prusse est presque oublié au milieu des questions qui s'échangent sur
l'arrivée du blé et de l'anxiété que cause l'approche de la moisson. Le même journal qui annonce
des capitulations de villes et des victoires en ba-
tailles rangées, nous dit que les pauvres meurent
dans les rues de Paris ou sont conduits au suicide
par le besoin. Nous n'avons plus à lutter contre
des spéculations avides, mais contre un manque
véritable. Des détachements de la garde nationale, renforcés par de l'artillerie, parcourent sou-

vent les villages adjacents plusieurs jours de suite sans trouver un seul setier de blé. Les fermiers qui ont pu en cacher encore quelques-uns refusent de les vendre pour des assignats ; les pauvres, qui n'ont ni argenterie ni argent, échangent leurs meilleurs vêtements pour un pain ou pour une petite quantité de farine. Nos portes sont quelquefois assaillies par vingt ou trente personnes qui demandent, non de l'argent, mais du pain ; et je suis souvent accostée dans les rues par des femmes d'apparence décente qui refusent les assignats que je leur offre en disant : « Nous en avons assez de ce malheureux papier, c'est du pain qu'il nous faut. » Si vous êtes invité à dîner, vous devez apporter votre pain « avec vous ; » un voyage est une expédition pour laquelle il faut s'approvisionner, car il n'y a pas beaucoup d'auberges sur la route où vous puissiez trouver du pain ni même des vivres d'aucune sorte.

Comme nous nous étions procuré quelques écus de six livres, nous avons pu acheter une petite provision de blé, à la vérité bien insuffisante pour notre consommation, car nous l'économisons très-sévèrement. M. D... et les domestiques mangent du pain fait avec trois quarts de son et un quart de farine. Si petit que soit notre trésor, il nous est pourtant une grande source d'embarras, car non-seulement nous sommes exposés à des visites domiciliaires, mais nous pouvons être pillés chaque jour par les pauvres qui meurent de faim autour de nous, et souvent nous sommes obligés de faire plusieurs repas sans pain, parce que nous n'osons pas envoyer moudre le blé, ni cuire, excepté de nuit. Quand nous cuisons, les portes sont soigneusement fermées, la sonnette sonne en vain, aucun visiteur n'est admis jusqu'à ce que les moindres traces de l'opération soient effacées. — Toutes les brasseries sont sous les scellés, des lois pénales sévères défendent d'employer l'orge à quoi que ce soit, sauf à faire du pain. Si la ration qu'on nous accorde n'était composée que d'orge ou de tout autre grain qui fût sain, nous nous résignerions ; mais ce qu'on distribue maintenant est une mixture de blé germé, de pois, de seigle, etc., qui ressemble à peine à du pain. — Aujourd'hui, quelques femmes qui venaient de recevoir leur ration me demandèrent avec un accent de rage et de désespoir qui m'alarma si je croyais qu'une telle nourriture pût être mangée par une créature humaine. Nous ne pouvons soulager cette misère, et nous faisons en sorte d'en fuir la vue. Si nous pouvons obtenir des passe-ports pour Paris, nous espérons obtenir là notre élargissement final et la permission de retourner en Angleterre...

La crainte de quelque tentative de la part des jacobins et le mécontentement que la rareté du pain excite dans le peuple ont porté les comités du gouvernement à donner l'ordre secret d'armer et de réorganiser la garde nationale[1]. Je me souviens qu'en 1789 et en 1790, quand cette milice populaire fut instituée pour la première fois, chacun, soit par politique, soit par inclination, paraissait très-zélé pour elle : on ne parlait que de fêtes et bals militaires, d'exercices, d'uniformes. Cette ardeur patriotique a complétement disparu, l'affaire marche avec langueur et difficulté. L'un craint la dépense, un autre la persécution future, tous travaillent à trouver quelque cause d'exemption...

Fouquier-Tinville et seize autres juges et jurés du tribunal révolutionnaire viennent d'être jugés et exécutés[2]...

---

[1] J'ai eu souvent occasion d'employer le mot de garde nationale; mais il faut entendre qu'il s'agissait de citoyens armés pour quelque opération temporaire, à qui on reprenait leurs armes aussitôt que ce service était fait. La garde nationale, en tant qu'institution régulière, avait été en grande partie supprimée depuis l'été de 1793, et ceux qui la composaient désarmés par degrés. Le service habituel, qui consistait à monter la garde, continuait encore; mais les citoyens, sauf très-peu d'exceptions, n'étaient armés que de piques : même les piques n'étaient pas confiées à leurs propres soins; chacun, quand il descendait la garde, rendait ses armes, plus exactement que s'il y eût été obligé par un article d'une capitulation avec l'ennemi victorieux.

[2] Quelques-uns des jurés avaient l'habitude de faire la caricature des prisonniers pendant qu'ils les condamnaient. Parmi les papiers du tribunal révolutionnaire, on trouva des condamnations en blanc, qu'on envoyait parfois au Comité de salut public, pour que le comité y mît les noms de ceux qui devaient être immolés. Une femme de soixante-quinze ans, sourde, aveugle et privée de l'usage de ses mains, fut amenée devant le tribunal... « Citoyens, s'écria Dumas, le président, cette femme a conspiré sourdement. » Le jury se mit à rire tout haut; la femme fut condamnée et exécutée.

Amiens, 26 mai 1795.

La Convention a été envahie par les jacobins, et la tête du député Féraud portée en triomphe ; mais l'insurrection a été tout de suite réprimée... La province a pris beaucoup moins d'intérêt à cet événement qu'à une autre circonstance à la fois plus générale et plus personnelle qui, en apparence, n'a pas une portée aussi grande. Il y a quelques semaines, la Convention a déclaré, dans son style déclamatoire habituel, qu'elle n'écouterait jamais une proposition tendant à diminuer la valeur ou à arrêter le cours d'aucune sorte d'assignats. Il est vrai que son serment ne jouit pas d'un grand crédit ; cependant beaucoup de gens y ont été trompés et ont cru au moins que ces papiers ne seraient pas *formellement* détruits par ceux qui avaient établi leur cours forcé. Tout à coup et sans avertissement préalable, on promulgue un décret qui supprime les *corsets* (assignats de cinq livres) à l'effigie du roi. Comme ces assignats sont très-nombreux et principalement aux mains de la basse classe, la consternation produite par cette mesure est aussi grande qu'inusitée. — On ne peut pas avoir une preuve plus forte de la tyrannie du gouvernement et de l'aptitude du peuple à la soumission ; car on inflige un jour une pénalité pour refus d'une chose que, par la même autorité, on rend sans valeur le lendemain; et malgré cela les assignats restants sont encore reçus, malgré leur chance probable de subir prochainement le même sort...

Paris, 3 juin 1795.

Nous sommes arrivés ici samedi matin, et comme on ne permet à aucun voyageur, français ou étranger, de rester plus de trois jours sans une permission spéciale, notre premier soin a été de nous présenter au comité de la section où nous logeons. Nous avons donné les garanties voulues pour notre bonne conduite et nous avons obtenu un permis de séjour pour une décade...

J'aurais presque souhaité, pour l'honneur du caractère français, trouver quelques raisons de croire que le passé n'a pas été si vite enseveli dans l'oubli. Il est vrai, le règne de Robespierre et son tribunal sanguinaire sont exécrés en phrases étudiées ; mais est-ce assez d'adopter l'humanité comme une mode, de chanter *la Réveil du peuple*, au lieu de *la Marseillaise*, ou d'aller au théâtre avec des cheveux bien poudrés au lieu d'être tondu à la *jacobine*? Les gens oublient qu'en permettant et même en applaudissant les dernières horreurs, ils en sont devenus jusqu'à un certain point les complices, et que, s'ils se réjouissent d'en voir la fin, leur sensibilité ne va pas jusqu'au repentir. Ils laissent là leurs chagrins et croient qu'il suffit de montrer leur changement par des toilettes et des danses...

Je reviens d'une promenade où j'ai trouvé divers sujets de réflexion pénible. A l'heure du dîner, je fis visite à un vieux chevalier de Saint-Louis et à sa femme, qui vivent dans le faubourg Saint-Germain. Quand je les ai connus autrefois, ils avaient un joli revenu sur l'Hôtel de Ville, et jouissaient de tout le bien-être indispensable à leur âge avancé. Aujourd'hui la porte me fut ouverte par une jeune fille vêtue en souillon ; la maison avait l'air misérable ; l'ameublement était usé, et je trouvai le vieux couple à table devant un pauvre dîner composé d'une soupe maigre et d'œufs, sans pain ni vin. Nous nous communiquâmes promptement nos aventures révolutionnaires ; j'appris que M. du G., presque avant de rien savoir de ce qui se passait autour de lui, s'était trouvé suspect à cause de sa croix et de ses quarante ans de service, que sa femme et lui avaient été enlevés de leurs lits à minuit et conduits en prison. Là ils dépensèrent tout leur argent comptant, pendant que des gardiens installés dans leur maison volaient ce qu'on pouvait emporter et détérioraient ce qu'on ne pouvait pas voler. Peu de temps après le 9 thermidor, ils furent re-

lâchés ; mais leur appartement ne consistait plus
guère qu'en des murailles nues, et leurs rentes
payées en assignats leur fournissent à peine maintenant de quoi vivre. M. du G. a près de soixante-
dix ans, et sa femme ne peut guérir d'une maladie
nerveuse qui est l'effet de la frayeur et de la prison. Si la dépréciation du papier continue, il est
probable que ces pauvres gens mourront exactement de faim.

L'après-midi, nous eûmes rendez-vous avec un
individu employé par le comité des domaines nationaux ; il devait aider mon amie dans ses récla-
mations. Cet homme, dans l'origine, était valet d'un
frère de la marquise ; lors de la révolution, il établit une boutique, fit banqueroute, devint jacobin
furieux, et à la fin membre d'un comité révolutionnaire. En cette qualité il trouva moyen de s'enrichir,
d'intimider ses créanciers, et d'obtenir d'eux quittance de ses dettes sans prendre la peine de les
payer [1]. Depuis la dissolution des comités, il a
eu le talent d'obtenir la position dont je parlais tout
à l'heure, et maintenant il occupe dans un hôtel
de superbes appartements amplement fournis de

---

[1] « On voyait souvent des gens endettés trouver moyen de devenir membres de comités révolutionnaires, et forcer leurs débi-
teurs à leur donner pleine quittance. par crainte d'être emprisonnés. » (Rapport de Clauzel, octobre 1794.) J'ai connu moi-même
une vieille dame qui fut détenue trois mois pour avoir demandé
à l'un de ces patriotes trois cents livres qu'il lui devait.

toutes les preuves de sa dextérité officielle et de tous les revenants-bons du patriotisme.

Il a été élevé par la famille de madame de la F..., c'est pourquoi elle espérait ses bons offices ; mais elle n'a obtenu jusqu'ici que des délais et des mécomptes. Le seul objet de ma commission était de retirer certains papiers qu'elle lui avait confiés. Nous demandâmes si le « citoyen » était chez lui ; un domestique, sans livrée, nous répondit que « monsieur » s'habillait, mais que, si nous voulions entrer, il avertirait « monsieur » de notre présence. Nous traversâmes une salle à manger, où nous vîmes les restes d'un dessert, du café, etc., et où nous fûmes assaillies par les odeurs d'un copieux repas. Comme nous entrions dans le salon, nous entendîmes le domestique dire à la porte d'une pièce voisine : « Monsieur, voici deux citoyennes et un citoyen qui vous demandent. » — Quand monsieur parut, il s'excusa avec un air gracieux de l'impossibilité où il avait été d'arranger les affaires de mon amie, protesta qu'il était accablé, qu'il avait à peine un moment pour lui-même ; enfin, que la responsabilité des gens en place était si terrible et leur fatigue si accablante qu'il fallait le plus pur civisme et un cœur pénétré de l'amour de la patrie pour le rendre capable de persévérer dans la tâche qu'on lui avait imposée. Quant aux papiers que nous demandions, il tâcherait de les trouver ; mais son cabinet était si encombré de pétitions et certificats

de toute sorte, que des malheureux lui avaient adressés, qu'il ne serait pas facile de les trouver à présent.
— Nous fûmes obligées de nous contenter de cette
réponse, qui nous eût fait sourire de la part de
M. de Choiseul ou de M. de Sartine. Nous parlâmes
alors des nouvelles du jour ; il se lamenta de ce que
les aristocrates remuaient et s'accroissaient en
nombre, et de ce que, malgré les efforts de la Convention pour répandre les idées philosophiques, il
était trop clair qu'il y avait encore beaucoup de
fanatisme dans le peuple.

Comme nous nous levions pour sortir, madame
entra ; elle était habillée pour faire des visites,
avec des bracelets aux bras et au-dessus des coudes,
des médaillons à la taille et au cou, bref avec
des ornements partout où l'on pouvait en mettre.
Son ancienne condition de femme de chambre
opérait encore ; au lieu d'imiter le langage républicain de son mari, elle gardait beaucoup de dé-
férence pour le rang et tâchait d'insinuer que secrètement elle avait une façon supérieure de penser. Comme nous sortions ensemble, elle fit des
avances à mes compagnons, qui étaient gens de
qualité, et, ayant eu l'occasion de parler à quelqu'un
à la porte, elle prononça le mot « citoyen » en nous
regardant expressivement comme pour nous faire
entendre la répugnance et le mépris avec lesquels
elle employait ce mot.

J'ai remarqué, en général, que les républicains

sont, ou bien de l'espèce que je viens d'indiquer, garçons de café, jockeys, joueurs, banqueroutiers, écrivains de bas étage, ou bien des gens de métier manuel, plus sincères dans leurs principes, plus ignorants et plus brutaux, tous dissipant dans un luxe grossier ce qu'ils ont gagné, parce qu'on leur a dit que l'élégance et la délicatesse ne sont dignes que des sybarites, et qu'elles étaient méprisées par les Grecs et les Romains. Ces patriotes pourtant ne sont pas assez illettrés ou assez désintéressés pour supposer qu'ils doivent travailler pour leur pays sans travailler pour eux-mêmes; ils comprennent parfaitement que les riches sont leur patrimoine légal, et qu'il leur est prescrit par leur mission de piller les aristocrates et les royalistes [1]...

---

6 juin 1795.

Je vis hier un parent de madame de la F... qui est dans l'armée et que j'avais déjà rencontré lorsque nous passâmes à Dourlens. Il a été suspendu et emprisonné pendant quelques mois; mais on lui a rendu son grade et il est maintenant au service.

[1] Garat remarque que Danton avait pour maxime « que ceux qui faisaient les affaires de la république devaient aussi faire les leurs. »

Il me demanda si j'avais l'intention de revenir visiter la France. Je lui répondis que j'avais si peu de
raisons d'être satisfaite du traitement que j'y avais
reçu que cela n'était guère probable. — « Oui, me
répondit-il, mais si la république conquiert l'Italie
et apporte tous ses trésors à Paris, comme on l'a
suggéré dernièrement dans la Convention [1], nous
vous donnerons la tentation de revenir malgré vous.»
— Je lui dis que je ne doutais point qu'ils n'eussent le projet et les moyens de le faire réussir ;
pourtant il ne me semblait pas digne de philosophes et de républicains de faire la guerre pour
des Vénus et des Apollons, et de sacrifier la vie
d'une partie de leurs concitoyens afin que le reste
pût s'amuser à voir des tableaux et des statues. —
« Ceci n'est pas notre affaire, dit M. de... Les soldats ne raisonnent pas. Si la Convention avait
l'idée de piller le palais de l'empire de Chine, je ne
verrais d'autre remède que de mettre à la voile par
le premier bon vent. — Je voudrais, dit sa sœur
qui était présente, qu'au lieu d'obéir à de pareils
ordres, vous eussiez quitté le service. — Oui,
dit vivement le général, pour errer en Europe,
comme Dumouriez, soupçonné et méprisé par tous
les partis... » Il ajouta que cet exemple avait servi
de frein à beaucoup de ceux qui auraient été ten-

---

[1] L'abbé Grégoire, en septembre 1794, mit en avant cette idée
de piller l'Italie, alléguant que les chefs-d'œuvre des républiques
grecques ne devaient pas orner un pays d'esclaves.

tés de le suivre. — « A présent, ajouta-t-il avec un accent qui tenait de la gaieté et du désespoir, nous n'avons pas de choix entre l'obéissance et la guillotine. » — Je vous donne le résumé de cette conversation, parce qu'elle confirme ce qu'on m'a dit plusieurs fois : c'est que le sort de Dumouriez, quoique mérité, est une des principales causes qui ont empêché les désertions d'importance.

Je viens d'être interrompue par un grand bruit et des cris sous ma fenêtre, et j'entendis distinctement les noms de Scipion et de Solon prononcés d'un ton d'insulte et de reproche. Ne comprenant pas du premier coup ce que Scipion et Solon pouvaient avoir à faire dans une bagarre à Paris, j'envoyai Angélique aux informations, et j'appris par elle qu'une troupe d'enfants suivaient un cordonnier du voisinage, lequel, étant membre d'un comité révolutionnaire, avait jugé à propos de réunir dans sa personne les gloires de la Grèce et de Rome, celles de la robe et de l'épée, et s'était donné lui-même le nom de Scipion-Solon. Comme on l'avait pris sur le fait en différents larcins, il ne peut plus quitter son échoppe sans qu'on lui reproche ses vols et sans qu'on le hue de ses noms grecs et latins.

Paris, 8 juin 1795.

Hier était dimanche ; aujourd'hui est la décade, de sorte que nous avons deux jours de fête successifs ; mais depuis que les gens ont plus de liberté pour exprimer leurs opinions, ils préfèrent décidément la fête chrétienne à la fête républicaine. Ils observent la première par inclination et la seconde par nécessité... Celles des saints ont tout au moins l'avantage qu'on y passe l'après-midi aux églises ; tandis que celles de la république en l'honneur du stoïcisme, de l'amour, etc., ne suggérant aucune idée précise, sont interprétées comme une simple obligation de ne rien faire ou de passer quelques heures de plus au cabaret.... J'ai remarqué hier que les lieux où le culte public est permis sont très-fréquentés. Bien loin d'être splendides, les églises ne sont pas même décentes ; les murailles et les fenêtres portent encore les marques des Goths (ou, si vous voulez, des philosophes), et en quelques endroits l'office est célébré parmi des tas de fourrages, de sacs, de tonneaux, de bois, appartenant au gouvernement. Cependant cet extérieur inconvenant et dégradé n'empêche pas l'assistance d'être plus nombreuse et, je crois, plus fervente que du temps où les autels étaient chargés de riches offrandes et où les murs étaient couverts des plus riches tapisseries ou des plus intéressants tableaux. Les gens qui accomplissaient leurs devoirs religieux avec négligence ou indifférence sont devenus pieux ou même enthousiastes, non par hypocrisie ou esprit de contradiction politique, mais par un sentiment vif des maux de l'irréligion. Il faut avouer que si le christianisme avait besoin d'un avocat, il n'en trouverait pas un plus puissant que le souvenir des crimes et des souffrances des Français depuis son abolition...

Les agents et les dépendants du gouvernement exercent les principaux monopoles sur le marché ; enrichis par la concussion, ces hommes débitent à chaque circonstance les phrases hypocrites de la Convention « sur le luxe de la ci-devant noblesse et sur la pureté des mœurs républicaines. » Leur prodigalité s'étale comme une exception scandaleuse aux habitudes économiques de la nation, pendant que d'autres, souvent plus méritants, sont souvent obligés de se priver du nécessaire[1]...

---

[1] Voici quelques spécimens des mœurs républicaines :

« Au nom du peuple français, les représentants envoyés en mission à Commune Affranchie (Lyon) pour faire le bonheur de ses habitants, ordonnent au comité des séquestres de leur envoyer immédiatement 200 bouteilles du meilleur vin qu'on pourra se procurer, et aussi 500 bouteilles de bordeaux de première qualité, pour leur table. A cet effet, la commission est autorisée à lever le séquestre partout où ledit vin pourra être trouvé.

« Commune Affranchie, 15 nivôse, an II,
« Signé : ALBITTE et FOUCHÉ. »

Extrait d'une dénonciation du citoyen Boismartin, contre le représentant Laplanche :

« Le 24 brumaire an II de la république, les administrateurs

Selon votre désir, lors de mon arrivée en France, j'avais recueilli les portraits des principaux acteurs de la révolution; mais, comme je ne pouvais les cacher aussi bien que d'autres papiers, je les détruisis tour à tour, à mesure que les personnages eux-mêmes étaient proscrits ou immolés. Pour réparer cette perte, je me fis conduire par quelques amis dans la boutique d'un marchand chez qui ils achetaient souvent, et qui, leur ayant laissé connaître ses opinions, pouvait, sans crainte d'être dénoncé, me vendre ce dont j'avais besoin. Il secoua la tête en lisant ma liste, puis me dit qu'ayant préféré sa sûreté à sa propriété, il avait fait de ses gravures ce que j'avais fait des miennes. « A l'avénement d'un nouveau parti, me dit-il, je

de la ville de Saint-Lô ordonnèrent à la municipalité, que je présidais alors, de loger le représentant Laplanche et le général Siphert dans la maison du citoyen Lemonnier, alors en arrestation à Thorigny... Ils ne furent pas plutôt entrés dans la maison, que les provisions de toute espèce, linge, vêtements, meubles, bijoux, livres, argenterie, voitures et même titres de propriété, tout disparut, et, pendant que nous étions réduits à la triste nécessité de distribuer d'une main parcimonieuse à nos concitoyens quelques onces de pain noir, le meilleur pain, pillé chez le citoyen Lemonnier, était jeté par pleins seaux aux chevaux du général Siphert et du représentant Laplanche. Le citoyen Lemonnier, qui a soixante-dix ans, ayant maintenant recouvré la liberté qu'il n'aurait jamais dû perdre, se trouve si complétement dépouillé, qu'il est, en ce moment, obligé de vivre à l'auberge. D'un bien valant 60,000 livres, il ne lui reste qu'une seule cuiller, qu'il emporta avec lui lorsqu'il fut conduit dans une des bastilles du département de la Manche. » — Le principal argument de Laplanche dans sa défense fut que le citoyen Lemonnier était riche et royaliste, et qu'on avait trouvé dans sa maison des emblèmes de fanatisme et de royalisme.

me prépare toujours à une visite domiciliaire ; j'ôte de mes vitrines et de mes rayons les têtes proscrites, et je les remplace par celles de leurs rivaux. Je vous certifie que depuis la révolution notre commerce est aussi précaire que celui d'un joueur. Sans doute, les constitutionnels ont tenu assez bien ; mais ensuite j'ai été ruiné à demi par la chute des brissotins ; et je ne m'étais rétabli qu'un peu par la vente des hébertistes et des dantonistes, quand ils passèrent de mode. — « Bien, lui dis-je ; mais les Robespierristes ? Là vous devez avoir gagné.— C'est vrai ; Robespierre, Marat et Chalier rendaient assez, parce que, ordinairement, les royalistes les plaçaient chez eux pour se donner un air de patriotisme ; mais ils ont passé à leur tour. Voilà pourtant un article, dit-il en prenant un portrait de l'abbé Sieyès, que j'ai gardé à travers tous les partis, toutes les religions, toutes les constitutions, et le voilà encore à la mode. Ah ! c'est un fin matois ! » — Le marchand ajouta qu'il avait perdu à ces auto-da-fé plusieurs milliers de livres, et que, si les choses ne changeaient pas, il quitterait son commerce.

De tous les portraits que je demandai, je ne pus avoir que ceux de Barère, Sieyès et de quelques autres moins connus. Quant à vos dernières commissions, je les ai exécutées plus heureusement ; car, quoique les choses nécessaires à la vie soient presque hors de prix, les articles de goût, les livres, la parfumerie sont à meilleur marché que jamais. Cependant il faut remarquer que les marchands qui vendent des objets non susceptibles de se gâter et ne sont pas forcés de vivre au jour le jour esquivent toute demande d'articles qu'on veut leur payer en assignats. Je regardais quelques babioles dans une boutique du Palais-Royal, et, comme je demandais à la maîtresse si les ornements étaient d'argent, elle sourit d'un air significatif et répondit qu'elle n'avait rien en or ni en argent dans la boutique, mais que, si je voulais payer en espèces, elle me montrerait tout ce que je désirais : « Mais, pour le papier, nous n'en avons que trop. »

Beaucoup des anciennes boutiques sont presque vides à présent, et le peu de commerce qui subsiste encore est exercé par une sorte d'aventuriers qui, n'ayant été élevés dans aucune profession, en entreprennent une demi-douzaine et souvent disparaissent trois mois après. Ce sont surtout des gens qui, je suppose, ayant spéculé sur les assignats, emploient pendant un court délai leur capital dans le commerce, puis, inquiets sur le sort du papier, réalisent et se retirent : ou qui, conduits à la banqueroute par quelque malheureux monopole, rentrent dans la carrière du patriotisme...

On pourrait croire qu'il y a dans l'air de Paris quelque chose qui adapte l'esprit des habitants à leur situation politique. Ils parlent du jour fixé

pour une révolte quinze jours d'avance, comme s'il
s'agissait d'une fête ; les plus timides commencent
à être endurcis à cet état d'agitation et d'oppression,
et considèrent comme une vicissitude naturelle le
danger périodique de leur vie... .

Paris, 12 juin 1795.

Depuis notre arrivée à [Paris, rien ne nous a
paru plus étrange que l'empressement avec lequel
chacun raconte quelque atrocité soufferte ou exer-
cée par ses compatriotes ; tout semble indiquer
que la honte ou la scélératesse de ces horribles
scènes s'est tellement divisée en devenant générale, que personne ne s'en attribue une portion.
Ils ne sont jamais las de raconter les détails des
massacres judiciaires ou populaires. Ils sont tellement zélés pour faire les honneurs de leur capitale, que, si je n'eusse résisté, j'aurais passé la
moitié de mon temps à visiter les endroits où ces
boucheries ont été exécutées. Aujourd'hui encore,
on m'a invitée à venir voir une sorte d'égout,
décrit dernièrement à la Convention par Louvet,
où le sang des personnes guillotinées était porté
chaque our dans des seaux par des hommes em-

ployés à ce service [1]. Certainement, la révolution a produit des exemples de férocité qui n'ont eu d'égaux dans aucun pays civilisé, et encore moins dans aucun pays sauvage [2].

Nous sommes allées une fois au théâtre depuis la mort du jeune roi ; la stance du *Réveil du peuple* qui contient une louange de la Convention fut sifflée généralement, pendant que celles qui expriment l'horreur du jacobinisme furent chantées avec enthousiasme... Combien de fois les théâtres n'ont-ils pas retenti des mots : *Dieu de clémence et de justice*, et de *Liberté liberté, chérie*, pendant que l'instrument de mort était dans une activité inces-

[1] A la porte Saint-Antoine. Voyez le rapport de Louvet, 2 mai 1795 :

[2] Extrait du *Journal des Débats*, 1er juin :

« A Metz, les têtes des guillotinés étaient placées sur le sommet de leurs propres maisons. La guillotine fut en permanence pendant des mois devant l'hôtel de ville ; quiconque passait devant elle avec un air de désapprobation était noté comme suspect. — A Cahors, le député Taillefer, après avoir fait une entrée triomphale avec plusieurs voitures pleines de gens qu'il avait arrêtés, fit dresser une guillotine sur la place et amener quelques prisonniers habillés dérisoirement en rois, reines et nobles; puis il les obligea tour à tour à rendre hommage à la guillotine comme si elle était un trône; cependant le bourreau manœuvrait son instrument. — A Laval, la tête de Laroche, député à la Constituante, fut exposée par ordre de Lavallée, député alors en mission dans la ville, sur la maison habitée par sa femme. — A Auch, un autre député, d'Artigoyte, obligea plusieurs prisonniers à prendre leur nourriture comme des chevaux dans une mangeoire. — Borie avait coutume de s'amuser, lui et les habitants de Nîmes, en dansant une *farandole* autour de la guillotine, dans le costume officiel. — Le représentant Lejeune amusait ses loisirs en décapitant les animaux avec une guillotine en miniature, dont il mit la dépense au compte de la nation.

sante, et pendant que les auditeurs, faisant chorus à cette apostrophe à la liberté, retournaient chez eux, tremblant d'être arrêtés dans la rue ou de trouver un mandat d'arrêt ou des gardes armés dans leurs propres maisons [1]. Pourtant, aujourd'hui, c'est par opinion et conviction que les Parisiens chantent le *Réveil du peuple*...

Paris, 15 juin 1795.

Après un séjour de plus de trois ans au milieu du chaos de la révolution, me voici à la veille de quitter la France... A mon sens, le grand et le plus irréparable mal que cette révolution ait produit, c'est la corruption des mœurs qu'elle a introduite dans la moyenne et dans la basse classe de la nation.

On a décrit souvent les classes pauvres et laborieuses de la France comme frugales, insou-

---

[1] Une personne de ma connaissance m'a raconté qu'elle se trouva un jour à Dijon dans une société où, après avoir chanté des hymnes à la liberté de l'accent le plus énergique, toute la compagnie fut arrêtée et se rendit d'elle-même en prison aussi tranquillement que si le nom de liberté lui eût été inconnu. — La municipalité de Dijon rédigeait ordinairement les mandats d'arrêt en ces termes : « Tel ou tel individu sera arrêté, ainsi que sa femme, s'il en a une. »

ciantes et heureuses, gagnant peu à la vérité, mais dépensant moins encore, et, en général, capables de se procurer une subsistance que leurs habitudes et leur climat rendent agréable et suffisante. Les gens de cette classe sont devenus paresseux, dépensiers et sombres ; leur pauvreté est rendue plus amère par leurs folles rêveries de richesse et par leur goût pour la dépense. Ils travaillent sans espoir et malgré eux, parce qu'ils ne peuvent plus vivre de leur travail ; ils sont tour à tour victimes de l'intempérance et du besoin, et on les trouve souvent ivres quand ils n'ont pu apaiser leur faim ; car, ne pouvant toujour acheter du pain avec du papier, ils cherchent dans les liqueurs fortes un cordial destructif qui ranime pour un temps leur force physique aux dépens de leur santé et de leur moralité.

Ceux de la classe immédiatement supérieure, artisans, commerçants qui travaillent de leurs mains, domestiques mâles, quoique moins misérables, sont beaucoup plus dissolus. Il n'est pas rare dans les grandes villes de voir des gens de cette condition unir la férocité des sauvages à tous les vices de la corruption systématique. Les principes originels de la révolution ont tendu par eux-même à produire cette dépravation ; mais la suspension du culte religieux, la conduite des députés en mission, et l'immoralité universelle du gouvernement en vigueur ont dû la rendre beaucoup plus rapide. Les missionnaires conventionnels qui pendant deux ans ont étendu sur les départements leurs dévastations et leurs pillages ont partout été coupables des plus odieux excès, et ceux qui étaient moins criminels ont offert des exemples de licence et d'intempérance avec lesquels le peuple jusqu'alors ne s'était jamais familiarisé[1]. On peut admettre que les vices de la haute noblesse n'étaient pas toujours édifiantes; mais, si leur frivolité était publique, leur vices ne l'étaient pas autant, et ils n'avaient guère que Paris pour scène de leurs désordres... Mais les représentants et leurs agents n'ont pas perverti la nation seulement par leurs exemples; là où l'inclination manquait, la crainte leur faisait des prosélytes. Le mépris de la religion ou de la décence était considéré comme une marque d'attachement au gouvernement; une grossière violation d'un devoir social ou moral était une preuve de civisme et une victoire sur le préjugé. Bien des gens qui, par timidité, se sont d'abord donné les dehors

---

[1] Rapport au comité de législation par Durand-Maillane, 1er juin :

« Quand la Convention fut élue, le choix tomba sur des hommes qui abusaient du nom de patriote et s'en servaient comme d'un manteau pour leurs vices. » D'Artigoyte, à Auch, obligea souvent des femmes mariées à amener leurs filles aux clubs des Jacobins pour insulter leurs yeux et leurs oreilles des plus odieuses obscénités... Il insulta aussi une fois toutes les femmes qui étaient présentes au théâtre, et, après avoir employé le langage le plus obcène, il finit en se dépouillant de tous ses habits en présence des spectateurs. — Voyez aussi les *Débats* du 1er juin.

du vice, ont fini par contracter un goût pour le
vice lui-même. J'ai connu moi-même plusieurs
personnes qui, au commencement, déploraient de
ne plus pouvoir accomplir leurs devoirs religieux
et qui, à la fin, les ont pris en aversion ou tournés
en ridicule. Des ouvriers laborieux, qui allaient
régulièrement à la messe et donnaient chaque
semaine leur liard aux pauvres, après un mois
d'opérations révolutionnaires à la suite d'un député, ont dansé autour des flammes qui consu-
maient les livres saints et sont devenus aussi débauchés et aussi improbes que leur conducteur.

D'ailleurs, les principes généraux de la Convention ont été de nature à sanctionner et à accélérer
l'œuvre des députés ambulants. Des condamnations de criminels ont été souvent annulées en considération de leur « patriotisme ; » des femmes
d'une vie scandaleuse ont été pensionnées et publiquement complimentées. Divers décrets ont été
rendus qui tous tendent à rendre les mœurs nationales plus dissolues [1]... Par l'effet de toutes ces
causes et du changement qu'elles ont produit
dans les mœurs, non seulement les Français sont
plus éloignés que jamais de la liberté raisonnable,
mais encore ils y sont devenus plus impropres
que jamais.

---

[1] Entre autres, un décret qui donne à tous les enfants illégitimes
une part dans l'héritage du père égale à celle des autres enfants.
et, en ce cas, c'est la mère qui, à sa discrétion, désigne leur père.

Je dois remarquer aussi que la langue n'a pas
été moins altérée que le reste. On trouve à peine
un rapport à la Convention qui ne présente tous
les exemples possibles de galimatias pompeux et
vide, et en outre plus de traits affectés, de fausses
élégances qu'on n'en rencontre dans un écrivain
du seizième siècle; et je doute qu'un seul de leurs
projets de législation ou de finance puisse être compris par Montesquieu ou Colbert...

Paris, sans exagération, peut être décrit comme
affamé. Les marchés sont maigrement garnis ; on
ne peut se procurer du pain, sauf la petite ration
qui est distribuée par le gouvernement. Cependant les habitants, pour la plupart, ne sont pas
turbulents ; ils ont appris, quoique tardivement,
que les révolutions ne sont pas la source de l'a-
bondance, et, quoiqu'ils murmurent et détestent
leur gouvernement, ils s'abstiennent de toute violence et semblent plutôt disposés à plier sous le
désespoir qu'à se soulever par la vengeance... Je
ne sais pas de période dans l'histoire où une pareille réunion de souffrances personnelles et de
mécontentements politiques n'eût pas amené quelque grande convulsion.

Amiens, 18 juin 1795.

Nous sommes revenus ici hier, et vendredi nous devons partir pour le Havre avec un ordre du Comité de salut public, portant que plusieurs familles anglaises, et nous-mêmes dans le nombre, ont été depuis quelque temps à la charge de la république, et que, pour cette raison, nous avons la permission de nous embarquer aussitôt que nous en trouverons les moyens. Cela n'est ni vrai, ni galant, mais nous sommes trop heureux de quitter la république pour chicaner sur les termes, et nous ne changerions pas ce passe-port de mendiants pour la possession de tous les domaines nationaux...

Quand je vous décris l'immense majorité de la nation comme composée de royalistes, haïssant leur gouvernement, à la fois indignés et soumis, ceux qui n'ont pas suivi les progrès de la révolution française ni étudié le caractère français pourront mettre en doute ma véracité. Je ne puis en appeler qu'aux faits. Ce n'est pas une chose nouvelle que de voir la majorité subjuguée par la minorité. Les gens bien intentionnés de toutes les classes en France sont faibles, parce qu'ils sont divisés, tandis que les factions peu nombreuses de désespérés qui les oppriment sont fortes par leur

union et par la possession de toutes les ressources
du pays.

Dans de telles circonstances, aucun effort heureux ne peut être entrepris ; et, d'après différents
témoignages, je conclus que l'idée dominante des
Français aujourd'hui est d'attendre jusqu'à ce que
la nouvelle constitution paraisse, et de l'accepter,
quand même elle serait plus anarchique et plus
tyrannique même que la précédente. Ils espèrent
qu'alors la Convention résignera ses pouvoirs
sans violence, qu'on élira de nouveaux représentants, et que ces représentants, choisis parmi les
propriétaires honnêtes, leur rendront les bienfaits
d'un gouvernement stable et modéré.

Le Havre, 22 juin 1795.

Nous comptons maintenant, à toute heure, partir pour l'Angleterre ; nous avons fait marché
avec le capitaine d'un navire neutre, et nous n'at-
tendons plus qu'un vent favorable. Le capitaine,
très-bon allié des Français, semble apprécier parfaitement la valeur des services qu'il nous rend
en nous transportant hors de la république ; en
conséquence, nous devons lui payer notre passage
environ dix fois plus cher qu'autrefois...

J'ai fait une promenade ce matin sur le port, et, voyant en construction quelques bateaux à fonds plats, je demandai, peut-être un peu triomphalement, à un Français qui m'accompagnait, s'ils devaient servir à une descente sur la côte anglaise. Il répondit d'un grand sang-froid que le gouvernement pouvait juger à propos (quoique sans aucune espérance de réussir) de sacrifier dix à vingt mille hommes dans cette tentative. — Il n'est pas étonnant que des gouvernements qui se sentent responsables des vies et des trésors qu'ils risquent aient de la peine à résister dans une lutte soutenue par une puissance comme celle-ci et conduite selon de tels principes. — Mais je suis fatiguée et dégoûtée du spectacle, de ce despotisme et je reviens dans mon pays avec un sentiment de reconnaissance profonde pour les biens dont nous jouissons sous une constitution libre et heureuse.

FIN.

PARIS. — IMP. SIMON RAÇON ET COMP., RUE D'ERFURTH, 1.

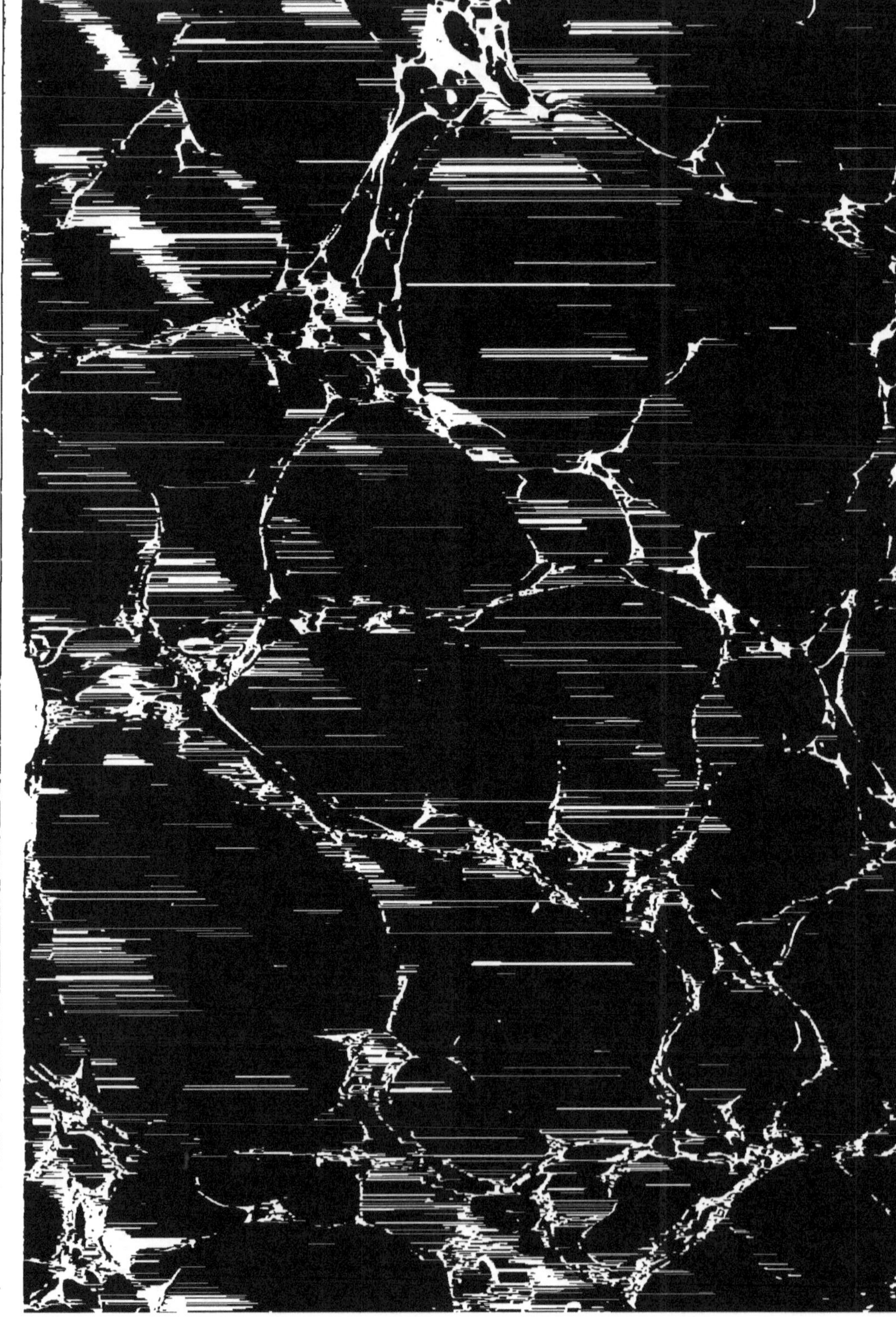